CANTO A LA NATURALEZA

Fray Luis de Granada

Canto a la Naturaleza

Introducción y Selección de Textos
URBANO ALONSO DEL CAMPO, O. P.

Prólogo
IGNACIO HENARES CUÉLLAR

Universidad de Granada
1 9 9 1

© UNIVERSIDAD DE GRANADA.
CANTO A LA NATURALEZA.
ISBN: 84-338-1344-7. Depósito legal: GR/563-1991.
Edita e imprime: Servicio de Publicaciones de la Universidad de
Granada. Campus Universitario de Cartuja. Granada.

Printed in Spain   *Impreso en España*

PRÓLOGO

La celebración del IV Centenario de la muerte de Fray Luis de Granada en 1988 me sirvió, gracias a la coincidencia de una serie de circunstancias que el tiempo me ha hecho considerar como extraordinariamente positivas, para conocer la gran figura histórica y a la Orden de los Dominicos. Sin duda, mi colaboración a la organización de la exposición histórica y bibliográfica sobre el Padre Granada, su extraordinaria contribución al pensamiento y la espiritualidad en la Edad Moderna, que tuviera lugar en Santa Cruz la Real en la primavera de 1989, supuso para mí una importante experiencia desde el punto de vista intelectual y humano.

Pero en el orden de las influencias que sobre mí ejerció aquel acontecimiento no es la menor el haber encontrado dentro de la Orden de Predicadores un extraordinario grupo humano, formado por varones doctísimos y de sólida virtud, con cuya amistad me he honrado desde entonces. Entre ellos, junto a los Padres Agustín Turrado, Álvaro Huerga o Antonio García del Moral, y en lugar muy destacado se encuentra mi compañero en las tareas académicas desde antiguo y gran amigo el Padre Urbano Alonso.

Con esta brevísima introducción a su libro quiero señalar el valioso esfuerzo que para el estudio de la historia de nuestro humanismo y de la cultura literaria y religiosa del quinientos supuso el trabajo desarrollado por la Orden Dominicana en la ocasión del Centenario de Fray Luis, del que la presente obra forma parte. La labor llevada a cabo por el Padre Urbano, aunando los saberes filosófico y teológico, nos permite acceder a la inmensa figura y compleja obra del fraile humanista, a su perfecta y equilibrada contribución a la lengua, la retórica, la antropología, la estética y la espiritualidad de su tiempo.

Nacido en una sociedad de transición de la Edad Media a la plenitud clasicista, Fray Luis cultivaría los valores del humanismo estableciendo los más firmes vínculos entre éste y una inspirada religiosidad, legando de esta forma un espléndido modelo moral e intelectual no sólo a la España de los siglos XVII y XVIII sino a todo el Occidente. La iluminación de este legado es el objeto del libro del Padre Urbano, cuya lectura ha de redundar, sin la menor duda, en el enriquecimiento e introducción a la Obra del Padre Granada.

Ignacio Henares Cuéllar

INTRODUCCIÓN

Fray Luis de Granada es un enamorado de la naturaleza. Contempla y recrea el paisaje, admira su belleza, y se eleva con la más fina sensibilidad, hasta la evocación espiritual y mística.

El exquisito gusto literario, la llaneza en el decir, su riqueza descriptiva y rigor de análisis, el detenimiento ante las cosas más pequeñas y los detalles más insignificantes de la vida de los animales, su inagotable capacidad contemplativa, unida a su fluidez estilística y sosegada prosa, hacen de la obra de Fray Luis sobre la naturaleza una de las páginas más bellas de la literatura universal y de la mística cristiana.

Fray Luis ha encontrado, desde su adolescencia, en el marco incomparable de la Alhambra donde vivió hasta los veinte años en la casa de los Mendoza —D. Luis Hurtado de Mendoza y su esposa D.ª Catalina— como paje de sus hijos, un estímulo y un entorno que permanecerán vivos a través de su vida y que evocará desde Lisboa, cuando ya anciano, escriba la *Introducción al Símbolo de la fe* y "vea" reflejarse imaginativamente, como dirá su biógrafo Álvaro Huerga, esa página miniada por el Creador, que es Granada.

Efectivamente, desde la lejanía del recuerdo, Fray Luis evocará a Granada, su ciudad natal, trayendo a la memoria las vivencias de su niñez y primera juventud, describiendo con mimo y exquisita sensibilidad "las ricas portadas, los zaquizamíes de marfil, las mesas de arrayán cortadas a tijera" (Obras, V, 24); (...) "las violetas moradas, los blancos lirios, las resplandecientes rosas (...), las clavellinas, los claveles, las azucenas y alhelíes, las matas de albahaca" (Obras, V, 97); (...) "el laurel, el arrayán, el ciprés, los cedros olorosos, los álamos y la yedra que viste de verdura las paredes de los jardines y les sirve de paños de armar" (Obras, V, 98). Y en mirada sobre la lejanía del recuerdo, describirá el conjunto del entorno geográfico de la ciudad: "Verás la llanura de los campos tendidos por largos espacios, y los montes que se levantan en lo alto de sus collados cubiertos de nieve; y la caída de los ríos que, nacidos de una fuente, corren de Oriente a Occidente, y verás las arboledas que en lo alto de los collados se están meneando, y los grandes bosques con sus animales y cantos de aves que en ellos resuenan" (Obras, V, 51).

Para quien conozca Granada no es necesario decirle que sin duda en esta prosa de Fray Luis hay una evocación al entorno granadino en su recuerdo, —la Alhambra, el Generalife, la anchurosa Vega— y sus textos están transidos de la luz embriagadora del paisaje, del sabor y color agridulce de Granada, pero que nos llevan más allá del paisaje.

Fray Luis siente un particular regusto y sosiego espiritual al contemplar las maravillas de la creación y hacer una espiritual lectura del gran libro de la naturaleza: "... todo este mundo es un gran libro escrito con el dedo de Dios, y todas las criaturas son las letras de él, las cuales tienen sus propias significaciones con que predican la gloria de su Hacedor".

El P. Granada, en las últimas jornadas de su vida, ajeno incluso a las pequeñas vanidades, se extasía hablando de la creación y de sus maravillas: se recrea con sencillez y delicadeza de miniaturista, en la contemplación de los más pequeños detalles de la naturaleza en su rica variedad de formas y matices; sus descripciones son detalladas, sublimes, amorosas. No es posible detenernos en su transcripción pues serían ofensivas ciertas omisiones, y su análisis nos haría repetir páginas enteras de su obra, y que el lector encontrará en la selección de textos que ofrecemos. El mundo inanimado y el mundo animado; el reino animal y la vida humana van encontrando lugar adecuado y pasan ante los ojos extasiados de Fray Luis como pasó toda la obra de la creación ante el primer Adán.

Describe con inusitado gozo el cielo, la noche estrellada, el sol que vivifica las plantas, regula los días y las noches y establece las diferentes estaciones.

Con exquisito y refinado espíritu de observación se fija en las faenas del rústico labrador; está atento al comportamiento de los animales, describe la belleza de las flores y el crecer de los campos.

Nos habla, con candor inimitable, de la formación y aparición de las flores como un arcoiris de colores; de los frutos más variados de la tierra, de todo el renacer explosivo y exhuberante de la naturaleza.

Escribe, con transparencia azulada, sobre la grandeza del mar, o el curso de los vientos, y nos acerca, con ojos limpios, a la contemplación de las islas, joyeles del mar.

Habla entusiasmado de la multitud y variedad de los peces que pueblan las aguas, de la hermosura y fertilidad de la tierra; de la variedad y diversidad de los flores; de los distintos árboles tanto frutales como silvestres; de las especies animales y de su admirable perfección; de su instinto de conservación, de sus medios defensivos y ofensivos, del celo con que cuidan de sus crías y de cómo se curan de sus enfermedades.

Sobrecoje el detenido y minucioso análisis que hace de las habilidades del mosquito, de la diligencia de las hormigas, del artificio de las arañas, de la utilidad de las abejas o del gusano de seda...

Fray Luis es un cantor enamorado de la naturaleza. Un recreador literario y místico de la hermosura contemplada y vivida con ternura de niño y veneración de anciano. Y desde la embriaguez del paisaje se levanta, en vuelo de águila, hasta Dios, Hacedor de todo lo creado":

(...) ¿qué es todo ese mundo visible, exclamará Fray Luis entusiasmado, sino un grande y maravilloso libro que vos, Señor, escribisteis y ofrecisteis a los ojos de todas las naciones, así de griegos como de bárbaros, así de sabios como de ignorantes, para que en él estudiasen todos, y conociesen quién vos érades? ¿Qué serán luego todas las criaturas de este mundo, tan hermosas y acabadas, sino como unas letras quebradas e iluminadas, que declaran el primor y la sabiduría de su autor? ¿Qué serán todas estas criaturas sino predicadoras de su hacedor, testigos de su nobleza, espejos de su hermosura, anunciadoras de su gloria, despertadoras de nuestra pereza, estímulos de nuestro amor, y condenadoras de nuestra ingratitud?" (Obras, V, 36).

Fray Luis cuando escribe, ora; y ora contemplando la naturaleza. En su contemplación del paisaje hay un diálogo interior que se hace eco y cae como cascada refrescante y limpia a través de su pluma. Su espíritu reposa en la contemplación de las obras de Dios en el mundo, y el alma asciende de la creación a Dios y retorna desde la luz y el agua viva del Creador a la naturaleza, como espejo de su hermosura, derramándose sobre los hombres, objeto privilegiado del amor tierno y cercano de Dios.

Los escritos de Fray Luis son dulce miel, por su tono suave y balsámico, por la sonoridad de sus expresiones y por la luminosidad, variedad y belleza de sus imágenes. La intimidad de su espíritu rezuma ternura desbordante y se expresa como canto enamorado.

Fray Luis vive y ama. Todo cuanto pasa por su sensibilidad reverdece en primavera florecida. La luz del alba, la flor de los campos, el canto de los pájaros, el murmullo de las fuentes, la sonrisa de un niño... todo, absolutamente todo, es motivo de atención gozosa en Fray Luis y objeto de reflexiva meditación. "Por donde, dirá Fray Luis, claramente se sigue que todo este tan perfecto teatro, poblado de tantas cosas, esclarecido con tantas lumbreras, hermoseado con tanta variedad de cosas, cercado de tan grandes y resplandecientes cielos, gobernado por tan ciertas y maravillosas leyes, fue criado sólo para servicio, mantenimiento y uso del hombre, y para que le fuese un espejo en que mirase al Creador y un libro natural en que leyese su sabiduría, su omnipotencia, su providencia".

Fray Luis no es el poeta, el escritor o el estilista de lo religioso, que celebra la belleza de lo que se atreve a pensar. Al contrario, la vivencia religiosa y su condición de creyente están en la raíz de todo su proyecto de escritor. La dimensión espiritual iniciada, acompaña y concluye todo su discurso descriptivo. Fray Luis, derrama su espíritu del que está lleno hasta rebosar ese corazón "líquido" de los santos del que hablaba el cura de Ars.

Con su llaneza habitual y connatural sentido religioso, en la dedicatoria de la "Introducción al Símbolo de la fe", a D. Gaspar de Quiroga, Arzobispo de Toledo, justificando por qué no escribe un Catecismo sobre los artículos de la fe, dice Fray Luis: "... Sólamente me pareció añadir a los Catecismos ya hechos una introducción algo copiosa, para que mejor se entendiesen y afectuosamente se sintiesen los principales misterios de nuestra fe, que son la obra de la creación del mundo y la Redención del género humano... Y, porque el conocimiento de estos misterios, ha de ser por la fe (...), pareciome sería justo tratar de las excelencias de nuestra santísima fe y religión, para que por aquí vean los profesores de ella los grandes tesoros y riquezas que en ella están encerrados', y den gracias al Señor que los hizo participantes de este grande bien''. (Obras, V, 5).

En la presentación de la obra "Al cristiano lector", reitera la motivación y finalidad religiosa de sus escritos: "En lo cual parece que estas dos principales obras de nuestro Señor (las obras de la creación y redención) nos son dos grandes libros en que podemos leer y estudiar toda la vida, para venir por ellos al conocimiento de él y de la grandeza y hermosura de sus perfecciones: las cuales, en estas obras suyas, así como en un espejo purísimo resplandezcan, y junto con esto nos dan materia de suavísima contemplación, que es el verdadero pasto y mantenimiento de las ánimas''. (Obras, V, 12).

Y por dejar fuera de toda duda la finalidad religiosa de esta obra, añade Fray Luis: "La cual materia tratan (habla de S. Basilio y S. Ambrosio), no como filósofos (que no pretenden más que darnos conocimiento de las cosas), sino como teólogos, mostrando en ellas la infinita sabiduría del Hacedor... y este conocimiento sirve para la admiración y reverencia de tan grande majestad, y para el amor de tan grande bondad, y para el temor y obediencia de tan gran poder y sabiduría, y para la confianza en tan perfecta y misericordiosa providencia, porque a la que a ninguna criatura, por pequeña que sea, falta, no faltara a aquélla para cuyo servicio crió todas las otras. Este es el fruto, esta la doctrina que sacamos de leer por el libro de las criaturas, por donde los santos leían...''. (Obras, V, 12 y 13).

"Mas el principal intento, prosigue Fray Luis, a que se ordena la doctrina de esta primera parte, es a que vistas las grandezas del Criador, reconozcamos la grande obligación que tenemos de amar, servir y honrar a un tan gran Señor, así por lo que es en sí, como por la providencia y cuidado que tiene de nosotros...". (Obras, V, 13).

De alguna manera, en toda la obra de Fray Luis, hay una cierta presencia del paisaje y de las obras de naturaleza como referencia y escala para ir a Dios, pero en la "Introducción al Símbolo de la fe" —la gran obra póstuma de Fray Luis—, publicada por primera vez en Salamanca, el año 1538, el P. Granada deja plasmada toda su capacidad de admiración contemplativa por la naturaleza. Es un goce para el lector dejarse invadir por la fragancia del lenguaje de Fray Luis, y acercarnos a través de su exhuberante imaginación a la riqueza de colorido y al cálido espíritu que acompañan a los escritos de este inmortal granadino.

El P. Granada es ya casi un octogenario cuando coge la pluma para relatar, con ejemplar vigor y elocuencia, la obra del Creador, dejándonos como herencia este monumental y grandioso retablo de la naturaleza, singular obra de la literatura española y quizá la más serena, y al mismo tiempo apasionante apología de la creación.

Fray Luis de Granada que llevó el nombre de su ciudad como mensajero universal está, cuando inicia su redacción, en la vejez rendida de su vida. Sólo un amor apasionado por el servicio, es capaz de sacarle de su merecido sosiego espiritual. Está lúcido de mente y animoso de espíritu, aunque herido y maltrecho en su salud. Débil y flaco y casi ciego: "de un ojo no veo nada y de otro cuasi nada", dirá Fray Luis en confesión candorosa. A pesar de sus achaques, inicia esta obra, grandiosa en extensión, sublime por su contenido y ejemplar por la rima.

El Dr. D. Diego de Avellaneda, censor de la obra, al firmar el rescripto aprobatorio para su publicación el día 11 de agosto de 1582, siendo Rector del Colegio de la Compañía de Jesús de Madrid, afirma que su doctrina es la más "erudita y provechosa que se haya escrito en nuestra lengua española".

Cuatro admirables y densos volúmenes recogerán este trabajo maduro de experiencia, ciencia y santidad de Fray Luis. Él hará de la naturaleza un espacio abierto para la contemplación, un libro como él gusta de repetir, de jugosa lectura de donde brote la oración de alabanza al Creador y un himno de gratitud rendida y adorable. Sus palabras, llenas de musicalidad y transparencia sirvan de epílogo a esta breve introducción sobre la contemplación de la naturaleza en el P. Granada: "Pues como este mundo, escribirá Fray Luis, sea efecto y obra de las manos de Dios, él nos da conocimiento de su hacedor, esto es, de la grandeza de quien formó cosas tan hermosas, y de la omnipotencia de quien las crió de la nada, y de la sabiduría con que tan perfectamente las ordenó, y de la bondad con que tan magníficamente las proveyó de todo lo necesario, y de la providencia con que todo lo rige y gobierna. Este es el libro en que los grandes filósofos estudiaban, y en el estudio y contemplación de estas cosas tan altas y divinas ponían la felicidad del hombre". (Obras, V, 21).

"¡Cuán agradecidas son Señor, exclamará jubiloso Fray Luis, vuestras obras! Todas están hechas con suma sabiduría, y la tierra está llena de vuestras riquezas. Esta admiración de las obras de Dios anda siempre acompañada con una grande alegría y suavidad, la cual el mismo profeta declaró en otro salmo (salmo 21), diciendo: alegraste, Señor, mi alma con las cosas que tenéis hechas, y con la consideración de vuestras manos me gozaré. Esta espiritual alegría se recibe cuando el hombre, mirando la hermosura de las criaturas, no para en ellas, sino que sube por ellas al conocimiento de la hermosura, de la bondad y de la caridad de Dios, que tales y tantas cosas crió no sólo para el uso, sino también para la recreación del hombre. Porque así como una rica vestidura parece más hermosa vestida en un lindo cuerpo que mirándola fuera de él, así parecen más hermosas las criaturas aplicándolas al fin para que fueron creadas, que es ver en ellas a Dios; porque así como la vestidura se hizo para ornamento del cuerpo, así la criatura para conocer por ella al Criador. Y por esto, no sólo con mayor fruto, sino también con mayor gusto, miran las personas espirituales estas cosas criadas, como son, cielo, sol, luna, estrellas, campos, ríos, fuentes, flores y arboledas, y otras semejantes". (Obra, V, 29).

La línea ascendente de la mística de Fray Luis derivada de la visión contemplativa de la naturaleza y de la vida, desciende como rocío mañanero y fuente vivificante sobre el hombre convirtiéndose en frutos sazonados de bondad.

No hay horizontes cerrados, ni cotos estrechos, ni barreras de incomunicación o temerosos y oscuros maniqueísmos en la obra de Fray Luis. Todo es luz y amor enamorado.

"... el cristiano, dirá Fray Luis, sírvase de las criaturas como de unos espejos para ver en ellas la gloria de su Hacedor. Y por esto, cuando aquí o fuera de aquí, leyere tantas maneras de habilidades como el Criador dio a todos los animales para mantenerse, y para curarse y para defenderse, y para criar sus hijos, no pare en sólo esto, sino suba por aquí al conocimiento del Hacedor, y de ahí descienda a sí mismo". (Obras, V, 30). "... si anduvo tu ánimo rodeando este mundo, y mirando las obras de Dios, hallarás que todas ellas, con el artificio maravilloso con que son fabricadas, están diciendo:

Dios me hizo. Todo lo que te deleita en el arte, predica la alabanza del artífice. ¿Ves los cielos? Mira cuán grande sea esta obra de Dios. ¿Ves la tierra, y en ella tanta diversidad de simientes, tanta variedad de plantas, tanta muchedumbre de animales? Rodea cuantas cosas hay desde el cielo hasta la tierra, y verás que todas cantan y predican a su Criador, porque todas las especies de la criaturas voces son que cantan sus alabanzas". (Obras, V, 31). "¿Qué es, Señor, todo este mundo visible sino un espejo que pusísteis delante de nuestros ojos para que en él contemplásemos vuestra hermosura? Porque es cierto, que así como en el cielo Vos seréis espejo en que veamos las criaturas, así como en este destierro ellas nos son espejo para que conozcamos a Vos". (Obras, V, 36).

Y después de tanta emoción contenida, el alma creyente de Fray Luis se expresa con la dulzura y el ardor de un amor arrodillado: "Guiadme Vos, Señor, en esta jornada; guiad a este rústico aldeano por la mano y mostradle con el dedo de vuestro espíritu las maravillas y misterios de vuestras obras, para que en ellas adore y reconozca vuestra sabiduría, vuestra omnipotencia, vuestra hermosura, vuestra bondad, vuestra providencia, para que así os bendiga y alabe y glorifique en los siglos de los siglos". (Obras, V, 38).

Esta breve introducción que sirve de presentación a la antología de textos de Fray Luis sobre las maravillas de Dios en la naturaleza, no tiene otra finalidad que servir de invitación a la lectura de su obra en la que se expresa como insuperable prosista, eminente escritor, teólogo de la admiración y encendido místico.

No nos queda sino agradecer sinceramente a la Universidad de Granada y de un modo muy especial a D. Ignacio Henares Cuellar, Vicerrector de Extensión Universitaria, por la ilusión, estímulo y vivo entusiasmo con que ha acogido y propiciado la publicación de esta antología, uniéndose al IV Centenario de Fray Luis y contribuyendo de una manera tan eficaz a la difusión del pensamiento de este granadino universal.

Urbano Alonso del Campo.O.P.
UNIVERSIDAD DE GRANADA

I

CANTO A LA CREACIÓN

INTRODUCCIÓN AL SÍMBOLO DE LA FE
P.I. CAP. 5, OBRAS, V, pp. 62-75; CAP. 8, OBRAS, V, pp. 78-88;
CAP. 10, OBRAS, V, pp. 89-107

Comenzando, pues, por la declaración de la primera de estas tres partes, que es el mundo mayor, la primera cosa y como fundamento de lo que habemos de presuponer, es que cuando aquel magnificentísimo Señor por su sola bondad determinó criar al hombre en este mundo en el tiempo que a él le plugo, para que conociendo y amando y obedeciendo a su Criador mereciese alcanzar la vida y bienaventuranza del otro, determinó también de proveerle de mantenimiento y de todo lo necesario para la conservación de su vida. Pues para esto crió este mundo visible con todas cuantas cosas hay en él, las cuales todas vemos que sirven al uso y necesidades de la vida humana...

1. *Los cielos cantan la gloria del Creador.*

Pues la hermosura del Cielo, ¿quién la explicará? ¡Cuán agradable es en medio el verano, en una noche serena, ver la luna llena y tan clara, que encubre con su claridad la de todas las estrellas! ¡Cuánto más huelgan los que caminan de noche por el estío con esta lumbrera que con la del sol, aunque sea mayor!

Mas estando ella ausente, ¿qué cosa más hermosa y que más descubra la omnipotencia y hermosura del Criador que el cielo estrellado con tanta variedad y muchedumbre de hermosísimas estrellas, unas muy grandes y resplandecientes, y otras pequeñas, y otras de mediana grandeza, las cuales nadie puede contar, sino sólo aquel que las creó? Mas la costumbre de ver esto tantas veces nos quita la admiración de tan grande hermosura y el motivo que ella nos da para alabar aquel soberano pintor que así supo hermosear aquella tan grande bóveda del cielo.

Si un niño naciese en una cárcel, y creciese en ella hasta la edad de veinticinco años sin ver más que lo que estaba dentro de aquellas paredes, y fuese hombre de entendimiento, la primera vez que, salido de aquella oscuridad, viese el cielo estrellado en una noche serena, ciertamente no podría éste dejar de espantarse de tan grande ornamento y hermosura y de tan gran número de estrellas, que vería a cualquier parte que volviese los ojos, o hacia oriente u occidente, o a la banda del norte o del mediodía, ni podría dejar de decir: ¿quién pudo esmaltar tan grandes cielos con tantas piedras preciosas y con tantos diamantes tan resplandecientes? ¿Quién pudo criar tan gran número de lumbreras y lámparas para dar luz al mundo? ¿Quién pudo pintar una tan hermosa pradería con tantas diferencias de flores, sino algún hermosísimo y potentísimo hacedor?

Maravillado de esta obra un filósofo gentil, dijo: *Intuere caelum et philosophare.* Quiere decir: mira el cielo, y comienza a filosofar. Que es decir: por la grande variedad y hermosura que ahí verás, conoce y contempla la sabiduría y omnipotencia del autor de esa obra.

Y no menos sabía filosofar en esta materia el Profeta cuando decía: Veré, Señor, tus cielos, que son obra de tus manos, la luna y las estrellas que tú formaste (Salm. 8, 4).

Y si es admirable la hermosura de las estrellas, no menos lo es la eficacia que tienen en influir y producir todas las cosas en este mundo inferior, y especialmente el sol, el cual, así como se va desviando de nosotros, que es por la otoñada, todas las frescuras y arboledas quedan estériles y como muertas. Y en dando la vuelta y llegándose a nosotros, luego los campos se visten de otra librea, y los árboles se cubren de flores y hojas, y las aves, que hasta entonces estaban mudas, comienzan a cantar y chirriar, y las vides y los rosales descubren luego yemas y capullos, aparejándose para mostrar la hermosura que dentro de sí tienen encerrada.

Finalmente, es tanta la dependencia que este mundo tiene de las influencias del cielo, que por muy poco espacio que se impida algo de ellas, como acaece en los eclipses del sol, de la luna y en los entrelunios, luego sentimos alteraciones y mudanzas en los cuerpos humanos, mayormente en los más flacos y enfermos.

2. *Del sol y de sus efectos y hermosura.*

Dicho de los cielos en común, síguese que digamos en particular de los planetas y estrellas que hay en ellos, y primero del más noble, que es el sol. En el cual hay tantas grandezas y maravillas que considerar, que preguntado un gran filósofo, por nombre de Anaxágoras, para qué había nacido en este mundo, respondió que para ver el sol, pareciéndole que era bastante causa para esto contemplar lo que Dios obró en esta criatura y lo que obra en este mundo por ella.

Y con todo esto no adoraba este filósofo al sol, ni le tenía por Dios, como otras infinitas gentes; antes dijo que era una gran piedra o cuerpo material muy encendido y resplandeciente. Por lo cual fué condenado en cierta pena por los atenienses, y fuera sentenciado a muerte, si su grande amigo Pericles no le valiera.

Mas con ser esta estrella tan admirable, nadie se maravilla de las virtudes y propiedades que el Criador en ella puso, porque, como dice Séneca, la costumbre de ver correr las cosas de una misma manera, hace que no parezcan admirables, por grandes que sean. Mas, por el contrario, cualquier novedad que haya en ellas, aunque sea pequeña, hace que luego pongan todos los ojos en el cielo. El sol no tiene quien lo mire, sino cuando se eclipsa, y nadie mira a la luna sino cuando la sombra de la tierra la oscurece.

Mas cuánta mayor cosa es que el sol con la grandeza de su luz esconde todas las estrellas, y que con ser tanto mayor que la tierra no la abrasa, sino templa la fuerza de su calor con sus mudanzas, haciéndolo en unos tiempos mayor y en otros menor, y que no hinche de claridad la luna, ni tampoco la oscurece y eclipsa, sino cuando está en la parte contraria.

De estas cosas nadie se maravilla cuando corren por su orden, mas cuando salen de ella, entonces nos maravillamos, y preguntamos lo que aquello será: tan natural cosa es a los hombres maravillarse más de las cosas nuevas que de las grandes. Hasta aquí son palabras de Séneca.

Mas San Agustín dice que los hombres sabios no menos, sino mucho más, se maravillan de las cosas grandes que de las nuevas y desacostumbradas, porque tienen ojos para conocer la dignidad y excelencia de ellas, y estimarlas en lo que son.

3. *Vivifica las plantas.*

Pues, tornando al propósito, entre las virtudes e influencias de este planeta, la mayor y más general es que él influye luz y claridad en todos los otros planetas y estrellas que están derramadas por todo el cielo.

Y como sea verdad que así ellos como ellas obren en este mundo sus efectos mediante la luz con que llega de lo alto a lo bajo, y esta luz reciben del sol, síguese que él después de Dios, es la primera causa de todas las generaciones, y corrupciones, y alteraciones, y mudanzas que hay en este mundo inferior. Y así decimos que él concurre en la generación del hombre. Por lo cual se dice comúnmente que el sol y el hombre engendra las cosas, mas él también, mediante el calor que influye en ellas, las hace crecer y levantar a lo alto. Por donde vemos espigar todas las hortalizas y crecer las mieses por el mes de mayo, cuando ya comienzan los calores a crecer.

4. *Evapora las aguas.*

Él mismo levanta a lo alto los vapores más sutiles de la mar, los cuales, llegando a la media región del aire, que es frigidísima, se espesan y convierten en agua, riegan la tierra, y con esto produce ella todos los frutos y pastos, que es el mantenimiento así de los hombres como de los brutos animales.

De modo que de ella podemos decir que nos da pan y vino, y carnes, y lana, y frutas, y, finalmente, casi todo lo necesario para el uso de la vida, porque todo esto nos da el agua.

5. *Regula los días y las noches.*

Él es el que con la variedad de sus movimientos nos señala los tiempos, que son días y noches, meses y años, porque naciendo en este nuestro hemisferio, hace día, y poniéndose o desviándose de nuestros ojos, hace noche, y corriendo por cada uno de los doce signos del cielo, señala los meses, por detenerse por espacio de un mes en cada uno; y dando una perfecta vuelta al mundo por estos doce signos con su propio movimiento, señala los años, porque una vuelta de estas suyas hace un año.

6. *Divide las estaciones del año.*

Él mismo es el que, allegándose o desviándose de nosotros, es causa de las cuatro diferencias de tiempos que hay en el año, que son invierno, verano, estío y otoño; los cuales ordenó la divina Providencia por medio de este planeta, así para la salud de nuestros cuerpos como para la procreación de los frutos de la tierra, con que ellos se sustentan.

Y cuanto a lo que toca a la salud, es de saber que así como nuestros cuerpos están compuestos de cuatro elementos, así tienen las cuatro cualidades de ellos, que son frío y calor, humedad y sequedad, a las cuales corresponden los cuatro humores que se hallan en estos cuerpos. Porque a la frialdad corresponde la flema, a la humedad la sangre, al calor la cólera y a la sequedad la melancolía.

Pues como aquel supremo gobernador vió que la salud de nuestros cuerpos consiste en el temperamento y proporción de estos cuatro humores y la enfermedad cuando se destemplan, creciendo o menguando los unos sobre los otros, de tal manera ordenó estos cuatro tiempos, cada uno de estos cuatro humores tuviese sus tres meses proporcionados en el año, en que se reformase y rehiciese. Y así, para la flema sirven los tres meses del invierno, que son fríos como ella, y para la sangre, los tres del verano, que son templados como ella, y para la cólera, los tres del estío, que son calientes como ella, y para la melancolía, los tres del otoño, que son secos como ella lo es, y así en estos cuatro tiempos reina y predomina cada uno de estos cuatro humores; y así, teniendo igualmente repartidos los tiempos y las fuerzas, se conservan en paz, sin tener uno envidia del otro, pues con tanta igualdad se les reparten los tiempos, y así ninguno prevalezca contra el otro, ni presuma destruirlo, viendo que tiene iguales fuerzas e igual tiempo de su parte para rehacerse que él.

Y no menos sirve maravillosamente esta mudanza de tiempos para lo segundo que dijimos, que es para la procreación de los frutos y pastos de la tierra, con que estos cuerpos han de ser alimentados. Porque en el tiempo de la otoñada se acaban de recoger los frutos que el estío con su calor, maduró y con las primeras aguas que entonces vienen, comienza el labrador a romper la tierra y hacer sus sementeras.

Y para que los sembrados echen hondas raíces en la tierra y crezcan con fundamento, se siguen muy a propósito los fríos del invierno, donde las plantas, huyendo del aire frío, se recogen para dentro, y así emplean toda su virtud en echar sus raíces más hondas, para que después tanto más seguramente crezcan, cuanto más arraigadas estuvieren en la tierra.

Esto hecho, para que de ahí adelante crezcan, sucede el verano, el cual con la virtud de su calor las hace crecer y sube a lo alto; al cual sucede el ardor del estío, que las madura, deseando con la fuerza de su calor y sequedad toda la frialdad y humedad que tienen; y con esto maduran.

De esta manera, acabado el curso de un año, queda hecha provisión de mantenimiento así para el hombre como para los animales que le han de servir. De modo que, como los señores que tienen criados y familias suelen diputar un cierto salario cada año para su mantenimiento, así aquel gran Señor, cuya familia es todo este mundo, con la revolución del sol, que se hace en un año, y con estas cuatro diferencias de tiempo, provee cada año de mantenimiento y de todo lo necesario para esta su gran casa y familia; y esto hecho, manda luego al sol que vuelva a andar otra vez por los mismos pasos contados, para hacer otra nueva provisión para el año siguiente.

7. *Promueve la conservación de las especies.*

Y porque todos los hombres y animales están sujetos a la muerte, y si no se reparasen las especies con sus individuos acabaría el mundo, cada año lo repara el Criador por el ministerio de esta misma estrella; porque con la vuelta que ella da hacia nosotros, en llegando a la primavera, cuando los árboles parece que resucitan, también se puebla el mundo de otra nueva generación y de otros nuevos moradores.

Porque en ese tiempo se crían nuevos animales en la tierra, nuevos peces en el agua y nuevas aves en el aire. Y de esta manera aquel divino Presidente sustenta y gobierna ese mundo, acrecentando cada año su familia y proveyendo pastos y mantenimiento para ella.

Pues ¿quién, viendo el orden de esta divina Providencia, no exclamará con el Profeta, diciendo (Salm. 103, 24): ¡Cuán engrandecidas son vuestras obras, Señor! Todas están hechas con suma sabiduría, llena está la tierra de vuestras riquezas.

Pues todas estas cosas, y muchas otras que callamos, obra esta hermosísima y resplandeciente lámpara, demás de dar luz a todo cuanto Dios tiene criado en los cielos y en la tierra, y junto con esto, dar calor a todo el mundo, sin que haya quien se pueda esconder de él. Pues ¿qué mano fuera poderosa para pintar y esclarecer un tan hermoso espejo, una tal lumbrera a todo el mundo? Por lo cual con mucha razón lo llama San Ambrosio ojo del mundo, pues sin él todo el mundo estaría ciego, mas por él todas las cosas nos descubren sus figuras.

8. *De cómo en el sol resplandecen las excelencias del Creador.*

Finalmente, tales son las propiedades y excelencias de esta estrella, que con no ser las criaturas, como dicen, más que una pequeña sombra o huella del Creador, porque sólo el hombre y el ángel se llaman imagen de Dios, todavía entre las criaturas corporales, la que más representa la hermosura y omnipotencia del Creador en muchas cosas es el sol.

Y la primera, que con ser una estrella sola, produce de sí tan grande luz, que alumbra todo cuanto Dios tiene criado desde el cielo hasta la tierra, de tal manera que, aun estando en el otro hemisferio debajo de nosotros, da luz a todas las estrellas del cielo. Y su virtud es tan grande, que penetra hasta las entrañas de la tierra, donde cría el oro y las piedras preciosas, y otras muchas cosas. Lo cual nos servirá para que de alguna manera entendamos cómo Dios Nuestro Señor, con su presencia y esencia hinche cielo y tierra, y obra todas las cosas, pues fué poderoso para dar virtud a una criatura corporal para que de la manera susodicha extendiese su luz y su eficacia por todo el universo.

Así que el sol alumbra todo ese mundo, y de su Criador, dice San Juan que alumbra a todo hombre que nace en este mundo.

El sol es la criatura, de cuantas hay, más visible y la que menos se puede ver, por la grandeza de su resplandor y flaqueza de nuestra vista, y Dios es la cosa más inteligible de cuantas hay en el mundo, y la que menos se entiende, por la alteza de su ser y bajeza de nuestro entendimiento.

El sol es, entre las criaturas corporales, la más comunicativa de su luz y de su calor, tanto que si le cerráis la puerta para defenderos de él, él se os entra por los resquicios de ella a comunicarnos el beneficio de su luz. Pues ¿qué cosa más semejante a aquella infinita Bondad, que tan copiosamente comunica sus riquezas a todas las criaturas, haciéndolas, como dice San Dionisio, cuanto sufre su naturaleza, semejantes a sí, y buscando muchas veces a los que huyen de él?

De la claridad grande del sol reciben claridad y virtud para obrar todas las estrellas, y de la plenitud y abundancia de la gracia de Cristo nuestro Salvador reciben luz y virtud para hacer buenas obras todos los justos.

El sol produce cuantas cosas corporales hay en este mundo, y aquel soberano gobernador, así como todo lo hinche, así todo lo obra en los cielos y en la tierra, y así concurre con todas las causas, desde la mayor hasta la menor, como primera causa, en todas sus operaciones.

Finalmente, la presencia del sol es causa de la luz, y la ausencia es causa de las tinieblas; y la presencia de Cristo en las almas las alumbra y enseña, y muestra el camino del cielo, y descubre los barrancos de que se han de apartar; mas estando él ausente de ellas, quedan en muy oscuras y espesas tinieblas, y así tropiezan y caen en mil despeñaderos de pecados, sin saber lo que hacen ni a quién ofenden, y en cuán gran peligro de su salvación viven los que así viven.

En todas estas cosas nos representa esta noble criatura las excelencias de su Criador. De lo cual, maravillado aquel divino Cantor, después de haber dicho que los cielos y las estrellas predicaban la gloria de Dios (Salm. 18, 2), desciende luego a tratar en particular del sol, comparando su hermosura con la de un esposo que sale del tálamo, y la fortaleza y alegría y ligereza de él con la de un gigante, con la cual sale del principio del cielo, y corre hasta el cabo de él. El cual verso declara un intérprete por estas palabras: Después que hayas rodeado con los ojos y con el ánimo todas las cosas, hallarás que ninguna hay tan esclarecida y que tanta admiración ponga a los hombres como el sol, el cual es gobernador de todas las estrellas, y conservación y salud de todas las cosas corporales.

Y allende de esto, ¿qué figura más alegre y hermosa se puede ofrecer a nuestros ojos que la del sol, cuando sale por la mañana? El cual con la claridad de su resplandor hace huir las tinieblas, y da su color y figura a todas las cosas y con ellas alegra los cielos, y la tierra, y la mar, y los ojos de todos los animales. De modo que podemos comparar su hermosura a la de un lindísimo esposo, y su fuerza e ímpetu a un gigante. Porque con tanta ligereza se revuelve de Oriente a Occidente, y de ahí a la otra parte del cielo, que con una revolución hace día y noche, unas veces mostrándonos desde lo alto sus clarísimos y resplandecientes rayos, y otras escondiéndose de nuestros ojos, y ocupando todas las regiones del aire, sin haber lugar a donde no llegue su claridad. Porque esta estrella rodea con sus clarísimas llamas todas las obras de la tierra, dando al mundo un saludable calor de vida, con que sustenta y hace crecer todas las cosas.

Mas ya dejemos al sol y vengamos a su compañera la luna.

9. *La luna, vicaria del sol.*

La luna es como vicaria del sol, a la cual está encomendada por el Criador la providencia de la luz en ausencia del sol, porque estando él ausente y acudiendo a otras regiones a comunicar el beneficio de su luz, no quedase el mundo a oscuras. Y así él mismo es el que la provee de luz para este ministerio, tanto mayor cuando ella lo mira más de lleno en lleno.

Tiene este planeta, entre otras propiedades, notables señoríos sobre todas las aguas y sobre todos los cuerpos húmedos, y señaladamente tiene tan grande jurisdicción sobre la mar, que como a criado familiar la trae en pos de sí, y así, subiendo ella, crece, y abajándose ella, se abaja. Porque, como se dice de la piedra imán que trae el hierro en pos de sí, así a este planeta dió el Criador esta virtud, que atraiga y llame para sí la mar, y siga el movimiento de ella.

De suerte que este planeta tiene unas como riendas en la mano, con que se apodera de este tan grande elemento, y lo rige y trae a su mandar. De aquí nacen las mareas, que andan con el movimiento de la luna, y que sirven para las navegaciones de un lugar a otro, cuando falta el viento, y para los molinos de la mar, que se hacen con ellas, y sobre todo con este movimiento se purifican las aguas, las cuales no carecieran de mal olor y mal mantenimiento para los peces si estuvieran como en una laguna encharcada sin moverse.

Mas no sólo en la mar, sino también en todas las cosas húmedas tiene especial señorío. Y así vemos con la creciente de ella crecer la humedad de los árboles y de los mariscos, y menguar con la menguante. Pues ya las alteraciones que este planeta causa en los cuerpos humanos, mayormente en los enfermos, sus plenilunios y novilunios y en sus eclipses, cuando se impide un poco de su luz con la sombra de la tierra, todos lo experimentamos.

Lo que aquí es más para considerar, es la virtud y poder admirable que el Criador dió a este planeta, el cual, estando tantas mil leguas apartado de nosotros, por virtud de aquella luz que recibe emprestada del sol, obra tantos efectos y mudanzas en la tierra, que así como ella se va mudando, así vaya mudando consigo todas estas cosas con tan gran señorío, que un poquito que se menoscabe su luz en un eclipse, lo haya luego de sentir la tierra. Pues ¿qué sería si del todo nos faltase este planeta?

10. *Sólo Dios cuenta la muchedumbre de las estrellas.*

Después de la luna se siguen las estrellas. Pues el número y las virtudes e influencias de ellas, ¿quién las explicará, sino sólo aquel Señor, de quien dice David (Salm. 146, 4) que sólo Él cuenta la muchedumbre de las estrellas, y llama a cada una por su nombre?

En lo cual primeramente declara la obediencia que estas clarísimas lumbreras tienen a su Criador, el cual llama las cosas que no son como si fuesen, dando ser a las que no lo tienen (Rom. 4, 17). Y de esta obediencia dice el profeta Baruc (3, 34): Las estrellas estuvieron en los lugares y estancias que el Criador les señaló, y siendo por él llamadas, le obedecieron y respondieron: Aquí estamos, Señor, y resplandecieron con alegría en servicio del Señor que las crió.

Decir también el profeta que llama a cada una por su nombre, es decir que Él sólo sabe las propiedades y naturaleza de ellas, y conforme a esto les puso los nombres acomodados a estas propiedades. De esto, pues, que está reservado a la Sabiduría divina, no puede hablar la lengua humana.

Mas entre otros usos y provechos de las estrellas, sirven también como los padrones de los caminos a los que navegan por la mar, porque careciendo en las aguas de señales por donde enderecen los pasos de su navegación, ponen los ojos en el cielo, y allí hallan señales en las estrellas, mayormente en la que está fija en el norte, que nunca se muda, para tomarla por regla cierta de su camino.

11. *De los beneficios de la atmósfera y de la lluvia.*

Descendiendo a tratar en particular de cada uno de los elementos, comenzaremos por el aire, cuyos beneficios son muchos. Porque primeramente con él respiran los hombres, y las aves, y los animales que andan sobre la tierra, recibiendo en todo tiempo, así velando como durmiendo, este refrigerio con que refrescan y templan el ardor del corazón, que es un miembro calidísimo, para que no se ahogue con la abundancia de su calor.

El aire también es medio por el cual la luz del sol y de las estrellas, y con ellas sus influencias, pasan y llegan a nosotros, sin lo cual no lo pudieran hacer, porque así la luz como las influencias son accidentes, los cuales no pueden estar sin sujeto que los sustente. Y además de esto, el mismo aire, poniéndose de por medio entre nosotros y el sol, templa su calor, para que sin molestia podamos gozar de sus beneficios.

12. Cómo se forma la lluvia.

Aquí también se engendran las lluvias, porque el sol, mediante su calor, levanta los más sutiles vapores de la mar, como ya dijimos, los cuales, como sean sutiles y de la condición del aire, fácilmente suben a lo alto, y llegando a esta media región del aire, que es, según decimos, fría, espésanse y apriétanse con el frío, y así se mudan en agua, la cual, como es más pesada, desciende a lo bajo, resolviéndose en agua lluvia.

La experiencia de esto la vemos en los alambiques en que se destilan las rosas y otras yerbas, donde la fuerza del calor del fuego saca la humedad de las yerbas que se destilan, y las resuelve en vapores, y hace subir a lo alto, donde, no pudiendo subir más, se juntan y espesan y convierten en agua, la cual con su natural peso corre luego para bajo, y así se destila. De donde procede lo que refiere San Basilio, que cuando falta agua a los marineros, cuecen un poco de agua salada de la mar, y ponen encima una esponja que reciba los vapores de aquel agua, los cuales después se convierten en agua dulce, con que algún tanto refrigeran la sed. De esta manera el arte imita la naturaleza, como lo hace en todas las otras cosas.

Y no es menor materia de alabanza ver de la manera que el Criador ordenó que el agua lluvia cayese de lo alto. Porque si todos los ingenios de los hombres se pusieran a pensar de qué manera caería esta agua para regar la tierra, no pudieran atinar en otra más conveniente que ésta. Porque parece que viene colada por la tela de un cedazo, repartiéndose igualmente por todas partes, y penetrando las entrañas de la tierra para dar mantenimiento a las plantas, que con ella se sustentan, refrescando por de fuera las hojas y fruta de los árboles, lo cual no hace el agua de regadío.

Esta es aquella maravilla que entre otras se atribuye a Dios, de quien se escribe en el libro del santo Job (26, 8) que Él es el que prende y ata las aguas en las nubes de tal manera que no caigan de lleno en lleno sobre la tierra. Y lo mismo escribe Moisés, alabando la tierra de promisión, por estas palabras (Deut. 11, 10): La tierra que vais a poseer, no es como la de Egipto, que a manera de las huertas se riega con agua de pie. Porque sobre esta nuestra tierra están puestos los ojos del Señor desde el principio del año hasta el fin, para enviarle agua y rocío del cielo. El cual beneficio canta el Profeta Real en el Salmo 146, 8, diciendo: El Señor es el que cubre el cielo de nubes, y por medio de ellas envía agua sobre la tierra. Y esto con tanta largueza, que, como se escribe en Job (5, 9), no sólo riega los sembrados y tierras de labor, sino también los desiertos y tierras sin camino, para que produzcan yerbas frescas y verdes.

13. *Su benéfico influjo.*

Mas cuán grande sea este beneficio del agua que llueve, ¿quién lo explicará? Porque quien esto mirare con atención, verá que todo lo que es necesario para la vida humana provee el Criador por este medio. Por aquí nos da el pan, el vino, el aceite, las frutas, las legumbres, las yerbas medicinales, el pasto para los ganados, y con ellos, las carnes, la lana y las pieles de ellos para nuestro vestido y calzado.

Lo cual no calló el Profeta cuando dijo (Salm. 146, 8) que el Señor producía en los montes heno y yerba para el servicio de los hombres. Y dice de los hombres, siendo éste manjar de animales, porque éstos, como vemos, sirven de muchas maneras a los hombres.

Finalmente son tantos los bienes que por esta agua recibimos, que uno de aquellos siete sabios de Grecia, por nombre Tales, vino a decir que el agua era la materia de que todas las cosas se componían, viendo que el agua es la que cría todos los frutos de la tierra, y que no solamente los peces de la mar, sino también los hombres con todos los otros animales se mantenían de ellos.

14. *Instrumento del Altísimo.*

Y por ser este beneficio tan grande y tan universal, tomó el Criador las llaves de él y reservó para sí el repartimiento de estas aguas, para dar por ellas mantenimiento a sus fieles siervos....

Cierto es mucho para sentir que, siendo éste tan grande beneficio del Criador, hayan tan pocos que lo reconozcan, y le den gracias, y sirvan por él, con el cual nos da todas las cosas, y sin el cual no podríamos vivir. Y de esto nos debería avisar que vemos venir el agua de lo alto, para entender que el Criador nos la envía del cielo.

Pues ¿qué es esto sino imitar los hombres de razón a las bestias, que carecen de ella, las cuales, recibiendo el pasto y mantenimiento con que se sustentan, ni reconocen al dador, ni le dan gracias por él?.

15. *Los cursos de los vientos. Su utilidad.*

Otro beneficio de la divina Providencia son los vientos. El cual beneficio no calló el Profeta cuando dijo (Sal. 134, 7) que el Señor producía y sacaba los vientos de sus tesoros, entendiendo por tesoros las riquezas de su providencia, la cual ordenó que hubiese vientos para el uso y provisión de la vida humana.

Porque primeramente los vientos llevan las nubes y las aguas que están en ellas, como se escribe en Job (37, 6), a donde el gobernador del mundo las quiere enviar. Y así vemos que en España llueve con el viento ábrego, el cual, pasando por la mar, trae consigo las nubes a esta región. Mas, por el contrario, en Africa llueve con el cierzo, que sopla de la banda del norte, y pasando también por el mismo mar, lleva nubes, que son como aguaderas de Dios, a aquella tierra.

Pues ya, ¿qué sería de la navegación y comercio con las islas y con las otras gentes, si faltasen los vientos, y el aire estuviese siempre en calma? Pues con este socorro tan deseado de los navegantes corremos en breve espacio hasta los fines de la tierra, llevando las mercaderías que en una parte sobran y en otra faltan, y trayendo de ellas lo que a nosotros falta y a ellos sobra: y de esta manera se hacen todas las cosas comunes, y todas las tierras abastadas, y finalmente de todo el mundo hacemos una común plaza y una ciudad que sirve a todos. Y lo que más es: por medio de los vientos ha corrido la fe y el conocimiento del Criador a las partes de Oriente y Occidente y a todas las otras regiones, que es la mejor mercadería que de unas partes a otras se puede llevar.

Y no menos resplandece la divina Providencia en el curso de los vientos. Porque sabemos que en las Indias Orientales en cierto tiempo del año cursan vientos que sirven para navegar con ellos a ciertas partes, y en otro cursan otros que son para volver de ellas, y esto tan ordinario, que nunca faltan éstas, que llaman monzones, para estos caminos. Las cuales la divina Providencia ordenó para el servicio y uso de los hombres, haciendo que los vientos, como criados de ellos, los lleven y traigan como en los hombros a los lugares deseados. Y con ser esto así, ¡cuán pocos hay que reconozcan este beneficio y le den gracias a él!

Sirven, otrosí, los vientos, como dice Séneca, para purificar el aire y sacudir de él cualquier corrupción o mala cualidad que se le haya pegado. De lo cual tienen experiencia los que se acordaren de una gran pestilencia que hubo en la ciudad de Lisboa y en algunos otros lugares del reino de Portugal el año de 1570. La cual cesó con un recísimo y desacostumbrado viento, con el cual cresció la mar tanto, que cubrió las fuentes que estaban junto a ella, y de dulces las hizo salobres por algunos días. El cual viento llevó tras sí el aire corrupto, que era la causa de aquella peste. Y por esto dice el mismo autor que quiso la divina Providencia que de todas las partes del mundo se levantasen vientos, para que en todas ellas tuviese el aire quien le purificase y ejercitase: tan necesario es el ejercicio y trabajo para todas las cosas.

Sirven también los vientos para que el labrador pueda aventar la parva, limpiar el grano de polvo y de paja: y no menos es la fuerza del estío, cuando avahamos con el calor grande, hace el Criador que se levante un aire fresco, con que se refrigeran las entrañas y tiembla la fuerza del calor.

Con lo cual los que saben referir todas las cosas a Dios, y de todas sacan materia de edificación, consideran cuál será aquel tormento de los fuegos eternos, donde están los malaventurados abrasándose en aquellas llamas, y no esperan jamás este linaje de alivio y refrigerio.

16. *De la sublime grandeza del mar.*

Del elemento del aire bajamos al del agua, que es su vecina, la cual al principio de la creación cubría toda la tierra, como el elemento del aire a esa misma agua. Mas porque de esta manera no se podía habitar la tierra, el Criador, que todo este mundo criaba para servicio del hombre, así como al hombre para sí, mandó que se juntasen todas las aguas en un lugar, que fué el mar Océano, y que se descubriese la tierra para nuestra habitación; y así se hizo, sacando el agua de su natural lugar, que era estar sobre la tierra, y recogiéndola en otro.

En este elemento hay muchas cosas que considerar, las cuales predican las alabanzas del que lo crió, conviene saber, su grandeza, su fecundidad, sus senos, sus playas, sus puertos, sus crecientes y menguantes, y, finalmente, los grandes provechos que nos vienen de él. Por su grandeza y fecundidad, alaba a Dios el Salmista (103,25), diciendo: Este mar grande y espacioso, donde hay tantas diferencias de peces que no tienen cuento, y animales así pequeños como grandes.

Esta grandeza ordenó el Criador para que todas las naciones gozasen de los provechos de la mar, que son, por una parte, la navegación, que sirve, como dijimos, para la contratación de las gentes, y por otra, el mantenimiento que graciosamente nos da, con la infinidad de peces que cría. Y por esto quiso el Hacedor que en él hubiese muchos brazos y senos, para que se entremetiesen por las tierras, y entrasen por nuestras puertas, convidándonos con sus riquezas y proveyéndonos de mantenimiento. De aquí procede el mar Mediterráneo, y el mar Bermejo, y el mar Euxino, y el seno de Persia, y otros muchos, que son como brazos de este gran cuerpo, de cuyos provechos quiere el Criador que gocen todos. Y en todos ellos hay puertos y playas, adonde puedan seguramente estar los navíos libres de la fuerza de los vientos.

17. Las islas joyeles del mar.

Ni menos resplandece la omnipotencia y providencia del Criador en tanta muchedumbre de islas como están repartidas por la mar, las cuales dice San Ambrosio (Ambors. In Hexamer.) que son como unos joyeles de este tan grande y tan hermoso cuerpo que lo adornan y declaran la omnipotencia y providencia del Criador: la providencia, en proveer estas como ventas y estancia para los navegantes, donde tomen refresco, donde se rehagan, donde descansen, donde acojan, o en tiempo de tormentas, o cuando quieren escapar de los ladrones de la mar.

Ni menos resplandece aquí la omnipotencia del Criador en conservar unas isletas pequeñas en medio de tan grandes golfos y abismos de aguas y de las grades ondas usurpar un pequeño pedazo de ellas, que es aquella maravilla que el mismo Señor encarece cuando, hablando con el santo Job (38, 8), dice: ¿Quién cerró y puso puertas a la mar, cuando corría con gran ímpetu como si saliera del vientre? Yo soy el que la cerqué con mis términos, y le puse puertas y cerraduras, y le dije: Hasta aquí llegarás, y no pasarás adelante, y aquí se quebrantará el furor de tus olas hinchadas.

Y, cierto, es cosa de admiración que corriendo todos los elementos con tan grande ímpetu a sus lugares naturales, como ya dijimos, y siendo natural lugar del agua estar sobre todo el cuerpo de la tierra y tenerla cubierta, haberla Dios con sola su palabra sacado de este lugar, y conservándola tantos mil años fuera de él, sin usurpar ella un paso del espacio que le señaló. Lo cual trae él por argumentos para confundir la desobediencia y desacato de los hombres, vista la obediencia de las criaturas insensibles. Y así dice por Jeremías (5, 22): ¿A mí no temeréis, y no temblaréis de mi presencia, que fuí poderoso para hacer que la arena fuese término de la mar, y ponerle precepto y mandamiento, el cual nunca quebrantará. Y moverse han las ondas, y no prevalecerán, e hincharse han, y no lo traspasarán.

En la navegación que hay de Portugal a la India Oriental, que son cinco mil leguas de agua, está en medio del gran mar Océano, donde no se halla suelo, una isleta despoblada que se llama Santa Elena, abastada de dulces aguas, de pescados, de caza y de frutas que la misma tierra sin labor alguna produce: donde los navegantes descansan, y pescan, y cazan, y se proveen de agua.

De suerte que ella es como una venta que la divina Providencia diputó para sólo este efecto, porque para ninguno otro sirve. Y el que más nos maravilla es cómo se levanta aquel pezón de tierra sobre que está fundada la isla, desde el abismo profundo del agua hasta la cumbre de ella, sin que tantos mares lo hayan consumido y gastado. Y demás de esto, ¿cómo no siendo esta isleta para con la mar más que una cáscara de nuez, persevera entre tantas ondas y tormentas entera, sin consumirse ni gastarse nada de ella?

Pues ¿quién no adorará aquí la omnipotencia y providencia del Criador, que así puede fundar y asegurar lo que quiere? Este es, pues, el freno que Él puso a este gran cuerpo de la mar para que no cubra la tierra: y cuando corre impetuosamente contra la arena, teme llegar a los términos señalados, y viendo allí escrita la ley que le fué puesta, da la vuelta a manera de caballo furioso y rebelde, que con la fuerza del freno para y vuelve hacia atrás, aunque no quiera.

18. *Para amigar entre sí las naciones.*

La mar también por una parte divide las tierras, atravesándose en medio de ellas, y por otra las junta y reduce a amistad y concordia con el trato común que hay entre ellas.

Porque queriendo el Criador amigar entre sí las naciones, no quiso que una sola tuviese todo lo necesario para el uso de la vida, por que la necesidad que tienen las unas de las otras las reconciliase entre sí. Y así la mar, puesta en medio de las tierras, nos representa una gran feria y mercado, en el cual se hallan tantos compradores y vendedores, con todas las mercaderías necesarias para la sustentación de nuestra vida.

Porque como los caminos que se hacen por tierra sean muy trabajosos, y no fuera posible traer por tierra todo lo que nos es necesario, proveyó el Criador de este nuevo camino, por donde corren navíos pequeños y grandes, uno de los cuales lleva mayor carga que muchas bestias pudieran llevar para que nada faltase al hombre ingrato y desconocido.

Estas otras muchas utilidades tenemos en el mar. Porque, como dice San Ambrosio, ella es hospedería de los ríos, fuente de las aguas, materia de las grandes avenidas, acarreadora de las mercaderías, compendio de los caminantes, remedio de la esterilidad, socorro en las necesidades, y liga con que los pueblos apartados se juntan, y freno del furor de los bárbaros, para que no hagan tanto daño.

19. *Simbolismo del mar manso y del embravecido.*

Tiene también otra cosa la mar, la cual, cómo criatura tan principal, nos representa por una parte la mansedumbre, y por otra la indignación e ira el Criador porque ¿qué cosa más mansa que el mar cuando está quieto y libre de los vientos, que solemos llamar de donas, o cuando con un aire templado blandamente se encrespa, y envía sus mansas ondas hacia la ribera, sucediendo unas a otras con un dulce ruido y siguiendo el alcance de las unas a las otras, hasta quebrarse en la playa? En esto, pues, nos representa la blandura y mansedumbre del Criador para con los buenos.

Mas, cuando es combatido de recios vientos, y levanta sus temerosas ondas hasta las nubes, y cuanto más las levanta a lo alto, tanto más profundamente descubre los abismos, con lo cual levanta y abaja los pobres navegantes, azotando poderosamente los costados de las grandes naos, cuando los hombres están puestos en mortal tristeza, las fuerzas y las vidas rendidas, entonces nos declara el furor de la ira divina, y la grandeza del poder que tales tempestades puede levantar y sosegar, cuando a Él le place.

Lo cual cuenta el Real Profeta entre las grandezas de Dios, diciendo (Salm. 88, 9-10): Vos, Señor, tenéis señorío sobre la mar, y Vos podéis amansar el furor de sus ondas. Vuestros son los cielos, y vuestra la tierra, y Vos criasteis la redondez de ella, con todo lo que dentro de sí abraza, y la mar y el viento cierzo que la levanta, Vos lo fabricasteis.

20. *De la multitud y variedad de peces que hay en la mar.*

Quédanos otra excelencia de la mar, tan grande que el ingenio y la pluma temen acometerla. Porque ¿qué palabras bastan, no digo yo para explicar, sino para contar por su nombres, si los hubiera, las diferencias de pescados que hay en este elemento? ¿Qué entendimiento, qué sabiduría fue aquella que pudo inventar, no digo ya tantas especies, sino tantas diferencias de figuras de peces de tan diferentes cuerpos, unos muy pequeños, otros de increíble grandeza, y entre estos dos extremos, otras mil diferencias de mayores y menores? Porque Él es el que crió la ballena y crió la rana, y no trabajó más en la fabricación de aquel pez tan grande que en la de este tan pequeño.

Hay algunos oficiales que cortan de tijera en seda o en papel mil diferencias de figuras y quimeras de la manera que quieran, porque el papel y la seda obedecen a la voluntad e ingenio del cortador.

Pues ¿qué cortador fue aquél tan primoroso que supo cortar y trazar tantas diferencias de figuras como vemos en los peces de la mar, dando a todos sus propiedades y naturalezas tan diversas? Porque el que corta con tijera, no hace más que formar una figura, sin darle más de lo que representa.

Mas este soberano Cortador, junto con la figura, dió alma, y vida, y sentido, y movimiento, y habilidades para buscar su mantenimiento, y armas ofensivas y defensivas para su conservación, y sobre todo esto, una fecundidad tan grande para conservar su especie, que, si no la hubiéramos visto, fuera totalmente increíble.

Porque ¿quién contará los huevos que tiene un sábalo, o una pescada en rollo, o cualquier otro pez? Pues de cada huevecito de éstos se cría un pez tan grande como aquel de do salió, por grande que sea. Sola el agua como blanda madre, por virtud del Criador, lo recibe en su gremio y lo cría hasta llegarlo a su perfección.

Pues ¿qué cosa más admirable? Porque, como la divina Providencia crió esta pescadería para sustentación de los hombres, y los que han de pescar no ven los peces en el agua de la manera que los cazadores ven la caza en la tierra o en el aire, ordenó Él que la fecundidad y multiplicación de los peces fuese tan grande, que la mar estuviese cuajada de ellos, para doquiera que cayese la red hallase qué prender.

Muchas y cuasi innumerables son las especies de aves y de animales que hay en la tierra; mas sin comparación son más las que hay en la mar, con parecer que este elemento no era dispuesto para recibir moradores que la poblasen, ni para darles pastos que vemos en la tierra, para que los sustentase.

Pues ¿qué diré de las diferencias de mariscos que nos da la mar? ¿Qué de la variedad de las figuras con que muchos imitan los animales de la tierra? Porque peces hay que tienen figura de caballo, otros de perro, otros de lobo, y otros de becerro, y otros de cordero, Y porque nada faltase por imitar, otros tienen nuestra figura, que llaman hombres marinos.

Y allende de esto, ¿qué diré de las conchas, de que se hace la grana fina, que es el ornamento de los reyes? ¿Qué de las otras conchas, y veneras, y figuras de caracoles grandes y pequeños, fabricados de mil maneras, más blancos que la nieve, y con eso, con pintas de diversos colores sembradas por todos ellos?

¡Oh admirable sabiduría del Criador! ¡Cuán engrandecidas son, Señor, vuestras obras! Todas son hechas con suma sabiduría, y no solamente la tierra, mas también la mar está llena de vuestras maravillas.

Pues ¿qué diré de las virtudes y fuerzas extrañas de los peces? El pececillo que llaman tardanaos hace parar una grande nao, aunque vaya a todas velas. Pues ¡cuán poderoso es aquel Señor, que con tan pequeño instrumento obra una cosa tan grande! Más pequeño pez es la sardina, y ésta abastece la mar y la tierra, porque es común pasto de los peces mayores, y también lo es de los hombres. Por lo cual se suele decir de ella que más anda por la tierra que por la mar, caminando de unas partes a otras para nuestro mantenimiento.

Ni es menos de considerar la suavidad y sabor que el Criador puso más aún en los peces que en las carnes, y así antiguamente servían para las delicias de los príncipes. Por lo cual exclama aquí San Ambrosio, diciendo: ¡Ay de mí, antes del hombre fueron criadas las delicias; antes la abundancia, madre de nuestra lujuria, que la naturaleza: primero la tentación del hombre que la creación del hombre! Mas no hizo esto el Criador para tentación, sino para regalo y provisión de los hombres, mostrando en esto que los trataba como a hijos regalados, para que la suavidad y gusto de estos manjares los incitase a amar y alabar al Criador, que esta mesa y convite tan suave les aparejó.

Mas tienen muchos de los hombres tan poco discurso, que estando las criaturas convidándolos a alabar al dador de todos estos bienes, de tal manera se ceban y empapan en ellos, que no les pasa por pensamiento darle gracias y decir siquiera: Esto hizo el Criador para mí, sin debérmelo.

21. *De la hermosura y fertilidad de la tierra.*

Descendamos ya a nuestra común madre, que es la tierra, de que son producidos y alimentados nuestros cuerpos.

Mas esto será sin apartarnos mucho de la mar, porque ella es la que por las venas y caminos secretos que el Creador ordenó, se amasa con la tierra para muchos provechos, de los cuales uno es hacerla cuerpo sólido, pegando y apretando con su humedad y frialdad las partes de ella para que nos pueda sostener. Porque de otra manera, siendo ella en sumo grado seca, estuvieran tan sueltas y desapegadas las partes de ella, como está la cal viva en polvo, y así no nos pudiera sostener.

Entre todos los elementos, éste es el más bajo y menos activo: mas con todo eso, siendo ayudado del cielo y de los otros elementos, nos sirve y aprovecha más que todos. Con lo cual debe crecer y esforzarse nuestra naturaleza la cual, aunque sea de suyo más baja que la de los ángeles, puede con los favores y socorros de la gracia levantarse sobre ellos.

Su asiento y lugar natural es el centro y medio del mundo, cercada por todas partes de aire y agua, sin por eso inclinarse a una parte ni a otra. Porque así como el Criador puso en la piedra imán aquella maravillosa virtud que mire sólo al norte y en él sólo repose, así también puso en la tierra esta natural inclinación, que tenga por centro y por su lugar natural el punto que está en medio del mundo, y que a él siempre corra, y en él solo descanse, sin moverse a una parte ni a otra, que es una tan grande maravilla como si estuviese una bola en el aire en medio de una gran sala, cosa que algunos filósofos no pudieron creer.

Esta es aquella maravilla, que canta el Salmista (103, 5) cuando dice: Fundasteis, Señor, la tierra sobre su misma firmeza, la cual en los siglos de los siglos nunca perderá ese lugar y puesto que Vos le disteis, ni se inclinará a una parte o a otra, y ordenasteis que el abismo de las aguas fuese como una ropa de que ella estuviese cercada y vestida.

22. *Como madre amorosa.*

El mismo Salmista dice que éste fue el lugar que la divina Providencia diputó para la habitación de los hombres (Salm. 131, 13). El cielo de los cielos, dice él, diputó el Señor para sí, mas la tierra para morada de los hombres. Pues esta tierra, obedeciendo a la disposición y mandamiento del Criador, como benigna madre nos recibe cuando nacemos, y nos mantiene después de nacidos, y nos sostiene mientras vivimos, y al fin nos recibe en su gremio después de muertos, y guarda fielmente nuestros cuerpos para el día de la resurrección general.

Este grande elemento no es más blando y favorable que los otros, porque de las aguas vemos que proceden las avenidas y crecientes de los ríos, que hacen notable daño en las tierras vecinas; el aire se espesa en las nubes, de donde nacen los turbiones, que dañan los sembrados y destruyen los trabajos de los pobres labradores.

Mas la tierra, como sierva del hombre, ¡qué frutos produce, qué olores, qué sabores, qué zumos! ¡Qué colores no engendra! ¿Quién podrá explicar cuánta sea su fertilidad, cuántas sus riquezas, especialmente si consideramos cuántas diferencias de metales se sacaron de ella cinco mil años antes de la venida de Cristo, y cuántos se han sacado después acá, y se sacarán hasta el fin del mundo, llegando los hombres, como dijo el poeta Ovidio, hasta las sombras del infierno, y persiguiendo el oro y la plata, por más que se esconda en las entrañas de la tierra? Pues ¿qué diré de la variedad de las piedras preciosas, de gran valor y virtud, que están escodidas en lo íntimo de ella.

23. *Las fuentes y ríos, venas de la tierra.*

Mas entre los beneficios de la tierra es muy señalado el de las fuentes y ríos que de ella manan y la humedecen y refrescan. Porque, así como el Creador repartió las venas por todo el cuerpo humano para humedecerlo y mantenerlo, así quiso él también que este gran cuerpo de la tierra tuviese sus venas, que son los ríos, los cuales, corriendo por todas partes, la refrescan y humedecen y nos ayudan a mantener, criando peces y regando nuestros sembrados.

Y porque en muchas partes faltan fuentes y ríos, ordenó la divina Providencia que toda la tierra estuviese empapada en agua, porque de esta manera, cavando los hombres, supliesen con los pozos la falta de las fuentes.

Mas ¿quién no se maravillará aquí del origen y principio de donde manan estos ríos y fuentes? Vemos en muchas tierras apartadas de la mar salir debajo de una peña viva un gran brazo, y a las veces un buey de agua. ¿De dónde, pues, nace esta agua? ¿Cómo corre siempre, invierno y verano, de una manera? ¿Qué abismo es aquel tan copioso que siempre tiene que dar y en tantos mil años nunca se agota?

Alaba el Profeta a Dios (Salm. 134, 7) porque saca los vientos de sus tesoros que es de los lugares que Él con su sabiduría señaló. ¿Cuánto más debe ser alabado por haber criado en la tierra tan grandes senos y acogidas de agua perennales que nunca falten? ¿Cual es la materia de que tanta agua se produce y cuál la causa eficiente que de aquella materia la produce? ¿Por qué hasta ahora varían los ingenios de los filósofos en declarar esta generación de las aguas y apenas dicen cosa que satisfaga?

Mas lo que aquí más satisface es dar gloria a Dios por este beneficio y maravillarnos de la providencia de quien esto supo y pudo hacer.

II

HOMENAJE A LA VIDA

INTRODUCCIÓN AL SÍMBOLO DE LA FE
P.I. CAP. 10, OBRAS, V, 89-107

1. *Cómo de Dios procede la vida.*

Después de la tierra síguese que tratemos más en particular de la fertilidad y frutos de ella. Y esto es ya comenzar a tratar de las cosas que tienen vida, porque las que hasta aquí habemos referido, que son cielos, estrellas, elementos, con todos los otros mixtos imperfectos, no la tienen.

Y porque las cosas que tienen vida son más perfectas que las que carecen de ella, resplandece más en éstas la sabiduría y providencia del Creador, y cuanto fuere más perfecta la vida, tanto más claro testimonio nos da del artífice que la hizo, como en el proceso se verá. Porque no es Dios, como suelen decir, allegador de la ceniza y derramador de la harina, mas antes cuanto son las cosas más perfectas, tanto mayor cuidado y providencia tiene de ellas y tanto más descubre en ellas la grandeza de su sabiduría...

Toda esta variedad de especies innumerables no le costó más que solas estas palabras (Gén. 1, 24): Produzca la tierra yerba verde, que tenga dentro de sí su semilla y árboles frutales según sus especies. Oído, pues, este mandamiento, luego parió la tierra, y se vistió de verdura, y recibió virtud de fructificar, y se atavió y hermoseó con diversas flores.

2. *La hermosura de los campos.*

Mas ¿quién podrá declarar la hermosura de los campos, el olor, la suavidad y el deleite de los labradores? ¿Qué podrán nuestras palabras decir de esta hermosura? Mas tenemos testimonio de la Escritura, en la cual el santo patriarca comparó el olor de los campos fértiles con la bendición y gracia de los santos (Gén. 27, 27) El olor, dijo Él, de mi hijo es como el del campo lleno.

¿Quién podrá declarar la hermosura de las violetas moradas, de los blancos lirios, de las resplandecientes rosas, y la gracia de los prados, pintados con diversos colores de flores, unas de color de oro, y otras de grana, otras entreveradas y pintadas con diversos colores, en las cuales no sabréis qué es lo que más os agrade, o el color de la flor, o la gracia de la figura, o la suavidad del olor? Apaciéntanse los ojos con este hermoso espectáculo, y la suavidad del olor que se derrama por el aire deleita el sentido del oler.

Tal es esta gracia, que el mismo Criador la aplica así, diciendo: La hermosura del campo está en mí. Porque ¿qué otro artífice fuera bastante para criar tanta variedad de cosas tan hermosas?

Poned los ojos en el azucena, y mirad cuánta sea la blancura de esta flor, y de la manera que el pie de ella sube a lo alto acompañado con sus hojicas pequeñas, y después viene a hacer en lo alto una forma de copa, y dentro tiene unos granos como de oro, de tal manera cercados que de nadie puedan recibir daño. Si alguno cogiere esta flor y le quitare las hojas, ¿qué mano de oficial podrá hacer otra que iguale con ella?, pues el mismo Criador las alabó, cuando dijo que ni Salomón en toda su gloria se vistió tan ricamente como una de estas flores.

3. El germinar de las plantas.

¿Maravillámonos que tan presto haya engendrado la tierra? Cuánta mayor maravilla es si consideramos cómo las semillas esparcidas en la tierra no dan fruto, sino mueren primero; de manera que cuanto más pierden lo que son, tanto mayor fruto dan. Regálase San Ambrosio en este lugar contemplando y pintando con palabras de la manera que crece un grano de trigo, para enseñar con su ejemplo a contemplar y hallar a Dios en todas las cosas, y así dice: Recibe la tierra el grano de trigo, y después de cubierto, ella como madre lo recoge en su gremio, y después aquel grano se resuelve y convierte en yerba. La cual, después de haber crecido, produce una espiga con unas pequeñas vainicas, dentro de las cuales se forma el grano, para que con esta defensa ni el frío le dañe, ni el ardor del sol lo queme, ni la fuerza de los vientos ni de las muchas aguas maltraten al fruto recién nacido.

Y esa misma espiga se defiende de las avecillas, no sólo con las vainicas en que está el grano encerrado, sino mucho más con las aristas que a manera de picas están asestadas contra la injuria de estas avecillas. Y porque la caña delgada no podría sufrir el peso de la espiga, fortalécese con las camisas de las hojas de que está vestida, y mucho más con los nudos que tiene repartidos a trechos, que son como rafas de ladrillo en las paredes de tapia para asegurarlas. De lo cual carece el avena, porque como no tiene en lo alto carga, no tuvo necesidad de esta fortificación. Porque aquel sapientísimo artífice, así como no falta en lo necesario, así no hace cosas superfluas.

4. *De la variedad de legumbres para nuestro sustento.*

Debajo de este nombre de yerba se entienden no solamente las mieses, de que ahora acabamos de tratar, sino también muchas diferencias de legumbres criadas para ayuda de nuestro mantenimiento, de las cuales unas se guardan secas para todo el año y otras de que luego nos servimos cuando han crecido. Y de éstas, unas se crían debajo de la tierra, y otras encima de ella. Y entre éstas entran las que crían dentro de sí pepitas, que después sirven de semilla para volver a nacer, entre las cuales se cuentan aquellas por quien suspiraban los hijos de Israel en el desierto.

Y en esto se ve la providencia de aquel soberano Gobernador, el cual, así como crió frutas frescas acomodadas al tiempo del estío, para refrigerio de nuestros cuerpos, así también crió legumbres proporcionadas a la cualidad de este mismo tiempo.

De modo que no contento con la provisión de tantas carnes de animales, de peces, de aves, de árboles frutales y de mieses abundosas, acrecentó también esta providencia de legumbres, para que ningún linaje de mantenimiento faltase a los hombres, que tan mal saben agradecerlo, pues aprovechándose del beneficio, no saben levantar los ojos a mirar las manos del que lo da, no sólo a los buenos, sino también a los malos, por amor de los buenos, así como proveyendo a los hombres no se olvidó de los animales por amor de los hombres.

Lo cual no calló el Profeta cuando dijo que el Señor producía en los montes heno y yerba para el servicio de los hombres. Y dice de los hombres porque, aunque no sea éste su mantenimiento, es lo de los criados que están diputados para su servicio, que son los brutos animales.

5. *De la hermosura y variedad de las flores.*

Toda esta tan grande provisión y abundancia de cosas que la tierra da, declara la providencia que Nuestro Señor, como un padre de familia, tiene de su casa, para sustentar, curar y proveer a sus criados.

Mas ¿qué diremos de tantas diferencias de flores tan hermosas, que no sirven para mantenimiento, sino para sola recreación del hombre? Porque ¿para qué otro oficio sirven las clavellinas, los claveles, los lirios, las azucenas y alhelíes, las matas de albahaca, y otras innumerables diferencias de flores de que están llenos los jardines, los montes, y los campos y los prados, de ellas blancas, de ellas coloradas, de ellas amarillas, de ellas moradas, y de otros muchos colores, junto con el primor y artificio con que están labradas, y con la orden y concierto de las hojas que las cercan, y con el olor suavísimo que muchas de ellas tienen? ¿Para qué, pues, sirve todo esto, sino para recreación del hombre, para que tuviese en qué apacentar la vista de los ojos del cuerpo, y mucho más los del alma, contemplando aquí la hermosura del Criador y el cuidado que tuvo no sólo de nuestro mantenimiento, como padre de familia para sus criados, sino como padre verdadero para con sus hijos, e hijos regalados?

Y como tal no se contenta con proveerlos de lo necesario para su conservación, sino también de cosas fabricadas para su recreación. Y así quiso que no sólo el resplandor de las estrellas que en las noches serenas vemos en el cielo, sino también los valles abundosos y los prados verdes, pintados con diversas flores, nos fuesen como otro cielo estrellado, que por una parte recreasen nuestra vista con suavidad y hermosura y por otra nos despertasen a alabar al Criador, que todo esto trazó y crió, no para sí, ni para los ángeles, ni para los brutos, sino para sólo el gusto y honesta recreación del hombre.

6. *Consideración filosófica.*

Pongamos ahora esto en práctica, y mirando entre otras flores una mata hermosa de claveles, tomemos uno en la mano y comencemos a filosofar de esta manera ¿Para qué fin crió el Hacedor esta flor tan hermosa y olorosa, pues no hace cosa sin algún fin? No, cierto, para mantenimiento del hombre, ni tampoco para medicina o cosa semejante.

Pues ¿qué otro fin pudo aquí pretender sino recrear nuestra vista con la hermosura de esta flor, y el sentido del oler con la suavidad de su olor? Y no pare sólo aquí, sino proceda más adelante, considerando cuántas otras diferencias de flores crió para lo mismo, y sobre todo esto, cuántas de piedras preciosas que no menos, sino mucho más, alegran este sentido.

Y allende de esto, ¡cuántas otras cosas hizo para recrear los otros sentidos! ¡Cuántas músicas de aves para el sentido del oír! ¡Cuántas especies aromáticas para el del oler ¡Cuánta infinidad de sabores para el del gustar!

Pues ¡cuánto se declara en esto la benignidad y suavidad de aquel soberano Señor, el cual, al tiempo que criabas las cosas, tuvo tanta cuenta con el hombre, que no sólo crió para él tanta muchedumbre de manjares y de todo lo demás que le era necesario, pues todo este mundo visible le sirve, sino también tuvo especial cuidado de criar tantas diferencias de cosas para su honesta recreación, y esto tan abastadamente, que ninguno de los sentidos corporales carezca de sus propios objetos en que se deleite! Pues ¿qué cosa más propia de padre amoroso para sus hijos, y aun hijos, como dije, regalados?

Y no contento con esto, también crió árboles para sólo este efecto, como es el laurel, el arrayán, el ciprés, los cedros olorosos, y los álamos, y la yedra, que viste de verdura las paredes de los jardines y les sirve de paños de armar, y otros árboles de esta cualidad, los cuales, como carezcan de fruto, para sola la recreación de nuestra vista parecen haber sido criados, la cual es tal, que pudo decir el Eclesiástico (40, 22): Los ojos huelgan con la gracia de la hermosura, pero a ésta hace ventaja de la verdura de los sembrados...

7. *De la diferencia de árboles.*

Después de la yerba mandó el Criador también a la tierra que produjese todo género de árboles, cuyas diferencias y especies tampoco se pueden explicar, como las de las otras plantas. De las cuales unos son fructuosos, otros estériles; unos que dan mantenimiento para los hombres, otros para las bestias; unos que nunca despiden la hoja, otros que cada año la mudan; unos que como dijimos, no sirven más que de frescura y sombra, y otros que sirven para otros usos, y así otras diferencias semejantes.

Y entre los que son fructuosos, unos dan fruta para el tiempo del verano, otros del invierno, y otros para todo tiempo. Y en los unos y en los otros es mucho para considerar la traza y orden de la divina Providencia, la cual reparte estos árboles por diversos géneros, y debajo de cada género pone diversas especies, que se comprenden debajo de ellos, así para que haya abundancia de mantenimiento para los hombres como para quitarles el hastío con la variedad de los frutos.

Pongamos ejemplos. Debajo del ciruelo ¡cuántas especies hay de ciruelas: de ellas tempranas, de ellas tardías de ellas de un color y de una figura, de ellas de diversos colores y figuras! Debajo del género de uvas, ¡cuántas diferencias hay de uvas! Debajo del peral, ¡cuántas diferencias de peras! Debajo de la higuera, ¡cuántas diferencias y colores de higos! Debajo del pero y del manzano, ¡cuántas especies de peros y de manzanas! Debajo del limón, ¡cuántas especies de limas y de limones!

De esta manera, aquel sapientísimo gobernador repartió las cosas por sus linajes y castas, como aquí vemos. Lo cual, como dijimos, sirve para que nunca nos falte este linaje de mantenimiento, porque de esta manera suceden unas frutas a otras, que son las tardías a las tempranas, y por esta causa en el mismo árbol no viene toda la fruta junta en un mismo tiempo, como se ve en las higueras, sino poco a poco, después que madura una parte de fruta del mismo árbol, va madurando la otra, para que así dure más días el fruto de él.

Y vese más claro el regalo de esta providencia en las frutas del estío. Porque con el calor y sequedad del tiempo, los cuerpos naturalmente desean refrigerio de las frutas frías y húmedas, para lo cual acudió el Criador con tantas diferencias, no solamente de frutas, sino también de legumbres acomodadas a la cualidad de este tiempo.

Pues ¿por qué el hombre desconocido no tendrá cuenta con quien así la tuvo con·su refrigerio y regalo? Ni hace contra esto que muchos enferman con la fruta, porque esto no es culpa de la fruta, sino del hombre destemplado, que usa mal de los beneficios divinos, así como no es culpa del vino que muchos se tomen de él, sino del abuso de los hombres.

8. *De la vida de los árboles.*

Ni menos resplandece la sabiduría divina en la fábrica de cualquier árbol.

Porque primeramente, como el que quiere hacer una casa, primero abre los cimientos sobre que se ha de sostener el edificio, así el Creador ordenó que la primera cosa que hiciese la planta o la semilla antes que suba a lo alto fuese echar raíces en lo bajo, y éstas proporcionadas a la altura del árbol; de modo que cuanto el árbol sube más a lo alto, tanto más hondas raíces va siempre echando en lo bajo. Esto hecho, sale de ahí luego el tronco, que es como una columna de todo el edificio, de donde procede la copa del árbol con sus ramas extendidas a todas partes, recreando la vista con sus flores y hojas, y ofreciéndonos después liberalmente los frutos ya sazonados y maduros.

Donde también es cosa de notar lo que advirtió muy bien Séneca, que siendo tantas las diferencias de estas hojas, cuantas son las de los árboles y matas y yerbas, que son innumerables, ninguna se parece del todo con otras, sino que siempre, o en la grandeza, o en la figura, o en la color, o en otras cosas tales, vemos diferenciarse las unas de las otras.

Y lo mismo notó en la diversidad de los rostros de los hombres, que, siendo innumerables, apenas hay uno que se parezca a otro; tan grande es la virtud de aquel soberano pintor, el cual en tantas cosas nos descubre la grandeza de su arte y sabiduría.

Ni es menos de considerar la manera en que estos árboles y todas las plantas se mantienen. Porque en las raíces tienen unas barbillas, por las cuales atraen el humor de la tierra, que con el calor del sol sube a lo alto por el corazón y corteza del tronco, y por todos los poros del árbol, para cuya conservación sirven esas mismas cortezas, que son como camisas o ropas que lo abrigan y visten.

Tienen también las hojas, a manera del cuerpo humano, sus venas, por donde este jugo corre y se reparte, de tal manera trazada, que en medio está la vena mayor, que divide la hoja en dos partes iguales, y de ésta se enraman todas las venas, adelgazándose más y más, hasta quedar como cabellos, por las cuales se comunican el alimento a toda la hoja. Lo cual noté yo en unas hojas de un peral, de las cuales se mantienen unos gusanillos que comían lo más delicado de la sobrehaz de la hoja, y así quedaba clara aquella maravillosa red y tejedura de venas muy menudas que allí se descubrían.

Pues de esta manera no sólo se mantiene el árbol, sino también crece mediante la virtud del alma vegetativa; y crece más que cualquiera de los animales que tienen la misma alma. Y entre otras causas de este crecimiento, una es que los brutos no sólo se ocupan en sustentar el cuerpo, sino también en las obras que se llaman animales, de los sentidos, del cual oficio crecen las plantas. Y de aquí procede que los hombres estudiosos o dados a la contemplación tienen los cuerpos más flacos, porque ejercitan más estas operaciones animales, no de los sentidos exteriores, sino de los interiores, y la virtud repartida es más flaca que la que está junta.

9. *Hermosura y variedades de los árboles frutales.*

Pues la hermosura de algunos árboles, cuando están muy cargados de fruta ya madura, ¿quién no la ve? ¿Qué cosa tan alegre a la vista como un manzano o un camueso, cargadas las ramas a todas partes de manzanas, pintadas de tan diversos colores y echando de sí un tan suave olor? ¿Qué es ver un parral y ver entre las hojas verdes estar colgados tantos y tan grandes y tan hermosos racimos de uvas de diversas castas y colores? ¿Qué son éstos sino unos como joyeles que penden de este arbol?

Ni tampoco se olvidó la Providencia de la guarda de los frutos ya maduros, porque para esto antes proveyó que los árboles tuviesen hojas, no sólo para hermosura y sombra, sino para defender la fruta de los ardores del sol, que en breve espacio la secaría. Y cuando el fruto de estos árboles es más tierno, como lo es el de las higueras y vides, tanto proveyó que las hojas fuesen mayores, como lo vemos en éstos. Mas no quiso que las hojas fuesen redondas, sino arpadas y abiertas por algunas partes, para que de tal manera defendiesen del sol, que también dejasen estos postigos abiertos para gozar templadamente de los aires y de él.

Pero más aún se descubre esta providencia en la guarda de otros frutos que están en mayor peligro, cuales son los de los árboles muy altos y ventosos, de los cuales algunos nacen en la cumbre de los montes, de los cuales son los pinos, cuya fruta no se lograría si el Creador no le pusiera una tan fiel guarda como es la piña, donde con tan maravilloso artificio está el fruto en sus casicas abovedadas, tan bien aposentado y guardado, que toda la furia de los vientos no basta para derribarlo.

También los nogales son árboles grandes y altos, y no menos lo son los castaños, que es mantenimiento de gente pobre cuando le falta el pan, los cuales a veces están plantados en lugares montuosos, y así muy sujetos al ímpetu y frialdad de los vientos. Por lo cual los vistió y abrigó el Creador con aquel erizo que vemos por defuera y después con dos túnicas, una dura y otra más blanda, que viste el fruto, que son como la duramáter y piamáter que cercan y guardan los sesos de nuestro cerebro. Y casi lo mismo podemos decir de las nueces, que también nacen bien arropadas y guardadas de las injurias de los soles y aires.

Y porque algunos llevan fruta notablemente grande y pesada, como son los membrillos y los cidros, proveyó el autor de las ramas o varas de que esta fruta pende fuesen muy recias, como son las de los membrillos, con que los santos mártires eran cruelmente azotados. Y porque las cidras son aún mayores, proveyó que las ramas de que cuelgan no sólo fuesen recias y gruesas, sino que estuviesen también derechas, para que mejor pudiesen soportar la carga, porque hasta en esto se vea cómo en ninguna cosa criada se durmió ni perdió punto aquella soberana providencia y sabiduría del Creador.

10. *Del artificio de las granadas.*

Pues el artificio de una hermosa granada, ¡cuánto nos declara la hermosura y artificio del Creador! El cual, por ser tan artificioso, no puedo dejar de representar en este lugar.

Pues primeramente Él las vistió por defuera con una ropa hecha a su medida, que la cerca toda y la defiende de la destemplanza de los soles y aires, la cual por defuera es algo tiesa y dura, mas por dentro más blanda, porque no exaspere el fruto que en ella se encierra, que es muy tierno; mas dentro de ella están repartidos y asentados los granos por tal orden, que ningún lugar, por pequeño que sea, queda desocupado y vacío. Está toda ella repartida en diversos casco y casco, y se extiende una tela más delicada que un cedal, la cual los divide entre sí. Porque como estos granos sean tiernos, consérvanse mejor divididos con esta tela que si todos estuvieran juntos.

Allende de esto, si uno de estos cascos se pudre, esta tela defiende a su vecino, para que no le alcance parte de su daño. Porque por esta causa el Creador repartió los sesos de nuestra cabeza en dos senos o bolsas, divididos con sus telas, para que el golpe o daño que recibiese la una parte del cerebro no llegase a la otra.

Cada uno de estos granos tiene dentro de sí un osecico blanco, para que así se sustente mejor lo blando sobre lo duro, y al pie tiene un pezoncico tan delgado como un hilo, por el cual sube la virtud y jugo desde lo bajo de la raíz hasta lo alto del grano; porque por este pezoncico se ceba él, y crece, y se mantiene, así como el niño en las entrañas de la madre por el ombliguillo. Y todos estos granos están asentados en una cama blanda, hecha de la misma materia de que es lo interior de la blusa que viste toda la granada.

Y para que nada faltase a la gracia de esta fruta, remátase toda ella en lo alto con una corona real, de donde parece que los reyes tomaron la forma de la suya.

En lo cual parece haber querido el Creador mostrar que era ésta reina de las frutas. A lo menos en el color de sus granos, tan vivo como el de unos corales, y el sabor y sanidad de esta fruta, ninguna le hace ventaja. Porque ella es alegre a la vista, dulce al paladar, sabrosa a los sanos y saludable a los enfermos, y de cualidad que todo el año se puede guardar.

Pues ¿por qué los hombres, que son todos agudos en filosofar en las cosas humanas, no lo serán en filosofar en el artificio de esta fruta, y reconocer por él la sabiduría y providencia del que de un poco de humor de la tierra y agua cría una cosa tan provechosa y hermosa? Mejor entendía esto la Esposa en sus Cantares (7, 12), en los cuales convida al Esposo al zumo de sus granadas y le pide que se vaya con ella al campo para ver si han florecido las viñas y ellas.

11. *La vid simbólica.*

Y porque aquí se hace mención de las viñas, no será razón pasar en silencio la fertilidad de las vides.

Porque con ser la vid un árbol tan pequeño, no es pequeño el fruto que da. Porque da uvas casi para todo el año, da vino que mantiene, esfuerza y alegra el corazón del hombre, da vinagre, da arrope, da pasas, que es mantenimiento sabroso y saludable para sanos y enfermos. Por eso no es mucho que aquella eterna Sabiduría compare los frutos que de ella proceden a los de este arbolito tan fértil.

Y el Salvador en el Evangelio (Jn. 15, 5) con él también se compara, hablando con sus discípulos y diciendo: Yo soy la vid, y vosotros los sarmientos. Por donde así como el sarmiento no puede fructificar si no está unido con la vid así tampoco vosotros si no estuviereis en mí.

Y aunque este árbol sea tan pequeño y no pueda por sí subir a lo alto, no le faltó remedio para eso, porque de él proceden unos ramalicos retortijados, con los cuales se prende en las ramas de los árboles y sube cuanto ellos suben, especialmente cuanto se juntan con un árbol muy alto.

En lo cual parece estar expresa la imagen de nuestra redención, porque de esta manera subimos los hombres con ser criaturas tan bajas, si nos comparamos con los ángeles, arrimándonos a aquel alto cedro del monte Líbano, que es Cristo nuestro redentor, uniéndonos con Él, no con los ramales de la vida, sino con lazos de amor, con los cuales, según dice el Apóstol, resucitamos con Él y subimos al cielo con Él.

Lo cual declara San Gregorio por estas palabras: No podía aquella alteza divina ser vista de nosotros, y por esto se bajó y postró en la tierra, y tomónos sobre sus hombros, y levantándose Él, levantámonos todos juntos con Él, pues por el misterio de su encarnación quedó la naturaleza humana, cuanto a este deudo y parentesco, sublimada y ennoblecida sobre los mismos ángeles.

12. De la utilidad de los árboles silvestres.

Y porque en la división de los árboles que arriba hicimos entran los árboles estériles y silvestres, también es razón declarar en esto el cuidado de la Providencia divina, la cual, viendo cómo los hombres tenían necesidad de mantenimiento para sustentarse, así la tenían también de casas para aposentarse y defenderse de los injurias de los tiempos, crió árboles y acomodados para este fin.

Porque así como ordenó que los frutales fuesen por la mayor parte bajos y parrados, para que más fácilmente se cogiese el fruto de ellos, así quiso que los que crió para los edificios fuesen altos y muy derechos, como son los pinos reales, los robles, los álamos blancos y otros semejantes, porque tales convenía que fuesen para los grandes maderamientos. Mas la otra infinita chusma de árboles sirve para pasto de muchos animales que se mantienen de las ramas y cortezas de ellos, y sirven también para el fuego, el cual nos es grandemente necesario, no sólo para nuestro abrigo, sino también para nuestro mantenimiento y para otros muchos oficios.

En lo cual se ve que ninguna cosa hay tan vil y baja en los campos, que no sea necesaria para provisión de nuestra vida, que como es tan flaca, tiene necesidad de cuanto en este mundo se ve, para que se conserve.

13. Y de los aromáticos.

Y porque nada falte a las necesidades y uso de la vida humana, crió aquella mano liberalísima otro género de árboles para otros usos diferentes de los pasados.

Porque crió árboles aromáticos, como es el de la canela y el que llaman palo de águila, que es de suavísimo y muy saludable olor, y otros también, de cuyas lágrimas procede el bálsamo en las partes de Oriente y el ámbar en Africa y Egipto, que, siendo lágrima de un árbol, viene a estar tan duro como una piedra, dentro del cual se ven pedacicos de hojas de árboles o animalicos que cayeron en él cuando estaba tierno.

14. *De cómo se conserva el reino vegetal.*

Mas al fin de esta materia no es razón echar en olvido el cuidado que la divina Providencia tuvo de la conservación de las especies de todas las cosas corruptibles, y especialmente de las plantas.

Para lo cual proveyó dos cosas, la una, que fuese tanta la abundancia de semilla que cada una de las plantas produjese, que nunca pudiese faltar semilla de que la tal planta otra vez se produjese. La otra fué haber puesto tan maravillosa virtud en cada semilla de éstas, que de un grano o pepita muy pequeña naciese una grande mata, la cual también produjese esta tan grande abundancia de semillas para su reparación.

Lo uno y lo otro veremos en un mostazo, de que el Salvador hace mención en el Evangelio, el cual lleva granicos de mostaza en tanta abundancia como vemos, y cada granico de éstos, después de sembrado, produce otra planta cargada de millares de ellos. Asimismo, de una pepita de melón nace una mata de melones, y en cada melón tanta abundancia de pepitas para reparar y conservar esta especie. Pues ¿qué diré de la pepita del naranjo sembrado? ¡Cuántas otras naranjas y pepitas lleva, y esto cada un año!

Pues, de esta manera, ¿cómo han de faltar en el mundo las especies de las plantas, teniendo tan copiosa materia para repararse, cuantos granos de semillas lleva cada una? En lo cual vemos cuán bien sabe Dios proveer lo que Él quiere proveer.

Y con este ejemplo podemos muy bien filosofar y entender cuán copiosa haya sido la redención que Él nos envió mediante el misterio de la Encarnación de su unigénito Hijo. Porque, si tan copioso fué el remedio que proveyó para conservar las especies de las plantas, ¿cuán copioso sería el que proveyó para reparar y santificar la especie de los hombres? Lo cual no calló el Apóstol cuando dijo (Ef. 2, 7) que eran incomprensibles las riquezas de gracia que trajo el Hijo de Dios al mundo. Ni lo calló el mismo Señor cuando dijo (Jn. 10, 10): Yo vine al mundo para dar a los hombres vida, y muy abundante y copiosa vida.

III

LAS MARAVILLAS DEL MUNDO ANIMAL

INTRODUCCIÓN AL SÍMBOLO DE LA FE
P.I. CAP. 11 Y 12, OBRAS, V, pp. 165-192; CAP. 18-21; OBRAS,
V, pp 165-192; CAP. 14-17; OBRAS, V, pp. 122-154

Otro grado de vida más perfecto tienen los animales, mayormente los que llamamos perfectos, que las plantas, de que hasta aquí habemos tratado, porque tienen sentido y movimiento, y cuanto éstos son más perfectos que las plantas, tanto nos dan mayor noticia del Creador, el cual tiene mayor providencia de las cosas más perfectas.

Y así hay libros de grandes autores, y aun de reyes ilustres, los cuales, maravillándose de la fábrica de los cuerpos de los animales, y mucho más de las habilidades que tienen para su conservación, se dieron a inquirir las naturalezas y propiedades de los animales. Aquel grande Alejandro, que no parece haber nacido más que para las armas, en medio de este negocio, que basta para ocupar todo el hombre, deseó tanto saber las propiedades y naturaleza de los animales, que mandó a todos los cazadores, y pescadores, y monteros, y pastores de ganado, y criadores de aves o animales que había en toda Grecia y Asia que obedeciesen a Aristóteles y le diesen noticia de todo lo que cada uno en su facultad supiese, para que él escribiese aquellos tan alabados *Libros de los animales*. Y todo esto se hacía por un pequeño gusto que la curiosidad del ingenio humano recibe con el conocimiento de semejantes cosas. Era éste, ciertamente, pequeño premio de tan gran trabajo.

A.— VARIEDAD Y PERFECCIÓN DE LOS ANIMALES

1. *Maravilloso, mas no increíble.*

Mas ¿cuánto mayor lo es el que se promete al varón religioso en esta consideración, pues por ella se levanta sobre las estrellas y sobre todo lo creado, y sube al conocimiento de aquel soberano Hacedor, en el cual conocimiento está grande parte de nuestra bienaventuranza? Y así, dice Él por Jeremías (9, 23): No se gloríe el sabio en su sabiduría, ni el esforzado en su valentía, ni el rico en sus riquezas, sino en esto se gloríe el que se quiere gloriar, que es tener conocimiento de mí. Pues para este conocimiento tan grande se ordena este tratado.

En el cual, si fuere más largo de lo que conviene a filósofo, pues ésta es propia materia de filósofos, no se me ponga culpa, pues yo no la trato aquí como filósofo, sino como quien trata de la obra de la creación, que es propia de la teología, mayormente refiriéndose toda ella al conocimiento del Creador.

También lo hice por ser esta materia más suave y apacible al lector, el cual no podrá muchas veces dejar de maravillarse de la sabiduría y providencia de Dios, que en estas cosas singularmente resplandece. Donde verá cosas al parecer tan increíbles, que le será necesario recorrer a aquella memorable sentencia de Plinio, el cual dice a este propósito que es tan grande la majestad de las obras de naturaleza, que muchas veces sobrepuja la fe y credulidad humana.

Mas quien considerare que en todos los animales suple Dios la falta que tienen de razón, con su providencia, obrando en ellos por medio de las inclinaciones e instintos naturales que les dio, lo que ellos obraran si la tuvieran perfecta, no le será increíble lo que en esta materia se dijere.

Porque el que por sola su voluntad y bondad los crió y quiso que permaneciesen en el ser que les dio, estaba claro, pues sus obras son tan perfectas, que les había de dar todo lo que les era necesario para su conservación, obrando Él en ellos lo que para esto les convenía. Y así dice Santo Tomás (*Suma Teológica,* I-II, 1. q. art. 2.) que todos estos animales son instrumentos de Dios, el cual como primera y principal causa, los mueve a todo lo que les conviene, mediante aquellas inclinaciones e instintos naturales que les dio cuando los crió.

Mas por cuanto arriba dijimos que no para Dios en sola esta provisión de los animales, sino pasa más adelante a manifestar por este medio su gloria, la cual tanto más perfectamente se descubre cuanto más y mayores maravillas en esto hace, por esto no deber nadie tener por increíbles todas la cosas que acerca de esto se dijeren, pues así la causa eficiente, que es Dios, como la final, que es la manifestación de su gloria, hacen todas estas obras tanto más increíbles cuanto son más admirables y mayor testimonio nos dan de la gloria del Creador.

2. El instinto suple a la razón.

Sirve también para esta credulidad aquella memorable sentencia de Aristóteles, el cual dice que las obras de los animales tienen grande semejanza con las de los hombres. Porque lo que éstos hacen para su conservación, hacen también aquellos para la suya. Lo cual, dejados aparte otros infinitos ejemplos, prueba con el arte con que edifica su nido la golondrina. Porque, como el albañil, cuando quiere envestir una pared con barro, mezcla pajas con el barro para trabar lo uno con lo otro, así también lo hace ella en la fábrica de su nido. Y así todo lo demás de él hace tan proporcionado a la creación de sus hijuelos, como cualquier hombre de razón lo hiciere.

Y según la sentencia de este gran filósofo, cuanto las obras de los animales fueren más semejantes a las de los hombres, tanto son por esta parte más increíbles, aunque a los que esto no consideran, parezcan más increíbles. A los hombres dio el Creador entendimiento y razón para que ellos se provean de todo lo necesario para su conservación, aunque para esto sean infinitas cosas necesarias, porque la razón sola basta para descubrirlas e inventarlas.

Mas, con todo eso, no está Dios atado a conservar la vida de los animales por este medio, porque sin él puede imprimir en ellos tales inclinaciones e instintos naturales, que con éstos hagan todo lo que hicieran si tuvieran razón, no sólo tan perfectamente como los hombres, sino muy más perfectamente. Porque más ciertos son ellos, y más infalibles, y más regulares, y más constantes en las obras que pertenecen a su conservación, que los hombres en las suyas. Y aun pasan más adelante de ellos, así en el conocimiento de sus medicinas como en adivinar las mudanzas de los aires y de los tiempos, que los hombres no saben sino aprendiéndolas de ellos.

Pues en esto manifiestó el Creador la grandeza de su poder y de su sabiduría y providencia, porque con ser innumerables las especies de los animales que hay en la mar, y en la tierra, y en el aire, que parecen más que las estrellas del cielo, en ninguna de ellas, por pequeña que sea, se descuidó ni en un solo punto, porque en todas ellas puso tantas y tan diversas habilidades y facultades para su conservación cuantas ellas son, que son casi infinitas.

Pues ¿quién no quedará atónito considerando la grandeza de aquel poder y de aquella sabiduría y providencia, que tantas y tan grandes maravillas obró en tantas diferencias de criaturas, y lo que más es, con una sola palabra?

3. De cuán maravillosamente se mantienen los animales.

Comenzando a tratar de las propiedades comunes de los animales, la primera cosa que nos conviene advertir en esta materia es la perfección y hermosura de la divina Providencia, la cual, ya que por su infinita bondad se determinó de criarlos para el servicio del hombre, por el mismo caso también se determinó de proveerlos de todo aquello que fuese necesario para conservarse en ese ser que les dió, que es para mantenerse, para defenderse, para curarse en su dolencias y para criar sus hijos, sin que para cada cosa de éstas le faltase punto.

Pues para esto primeramente crió diversas diferencias de manjares, proporcionados a todas las especies de los animales, de los cuales unos se mantienen de carne, otros de sangre, otros de hierba, otros de rama, otros de grano y otros de gusanillos que andan por la tierra o por el aire.

En lo cual es mucho considerar la provisión y recaudo de esta soberana Providencia. Porque siendo innumerables las especies de los animales grandes y pequeños, y siendo tan diferentes los mantenimientos de ellos, a ninguno, por pequeñito y despreciado que sea, falta su propio mantenimiento. Que es aquella maravilla que canta el Profeta cuando dice que el

Señor da de comer a toda carne (Salm. 135, 25). Y en otro lugar (Salm. 146, 9): Da, dice él, su pasto y mantenimiento a las bestias y a los hijuelos de los cuervos que lo llaman.

Esto es aún más admirable en las avecicas pequeñas, que no pacen hierba. Porque vemos en España por principio del mes de mayo, cuando no hay grano de trigo, ni de cebada, ni de linaza, ni de mijo en los campos, tanta abundancia de golondrinas, así padres como hijos recién criados, que no hay iglesia, ni casa, ni aldea tan apartada que no esté llena de ellas. Y lo mismo podemos decir de los pajarillos que llaman pardales, pues apenas se hallará agujero de casa sin ellos. Callo otras muchas especies de avecillas de este tamaño.

Pregunto pues: ¿de qué se mantienen tantas bocas de padres e hijos en tiempo que aún no hay grano, como digo, en los sembrados? Cosa es ésta cierta de que puedo maravillarme, mas no dar razón. Sólo aquel Señor que en este tiempo les proveyó de su manjar sabe esto, dando en esto confianza a sus fieles siervos que no les faltará en lo necesario para la vida quien a las avecicas del campo nunca falta.

Y con este ejemplo esfuerza Él en su Evangelio nuestra confianza, diciendo (Mt. 6, 26): Poned los ojos en las aves del aire, las cuales ni siembran, ni siegan, ni recogen el trigo en sus graneros, y vuestro Padre celestial les da de comer. Pues ¿no valéis vosostros más que ellas, para que tenga Él mayor cuidado de vosotros?

Pues para proveer a los animales de su manjar les dió el Creador todas las habilidades y fuerzas y sentidos que se requerían para buscarlo.

Y comenzando por lo más general, para esto primeramente les dió ojos para ver el mantenimiento, y virtud para moverse a buscarlo, con los instrumentos de ella, que son pies, y alas, o cosa semejante, como las alillas que tienen los peces. Y todos ellos tienen los cuerpos inclinados a lo bajo, para tener más cerca el mantenimiento.

Y como haya muchos animales que se mantienen de la caza de los más flacos, de tal manera que el Creador fabricó los cuerpos, que en ellos tengan instrumentos con que se puedan defender de la violencia de los más poderosos, por que no los consumiesen y acabasen. Y así, a unos dió ligereza de pies, a otros de alas, a otros armas defensivas, como son las conchas, y las que tienen los peces armados, como es la langosta y el bogabante, y otras ofensivas para contrastar a su enemigo, a otros astucia para esconderse en sus madrigueras y guarecerse en ellas, a otros vivir en manadas, para ayudarse de la compañía de muchos contra la fuerza de los pocos.

Y porque los animales tienen también enfermedades como los hombres, proveyóles Él de un natural instinto para curarse y buscarse los remedios de ellas.

Este mismo instinto le da conocimiento de los animales que son sus enemigos, para huir de ellos, y de los que son enemigos de sus enemigos, y los defienden de ellos. Y así la oveja huye del lobo, y no huye del mastín, siendo tan semejante a él.

Dióles también otro instinto para conocer las mudanzas de los tiempos que le han de ser contrarios, y prepararse para ellos, y asimismo de la cualidad de los lugares que les son saludables o contrarios, para buscar los unos y mudarse de los otros, como lo hacen las golondrinas y otras muchas aves que van a tener los inviernos en África, por ser tierra caliente, y los veranos en España, que es más templada.

Tienen también mucho cuidado de proveerse de mantenimiento en un tiempo para otro, como lo hacen las abejas, que se dan prisa a hacer su miel en el tiempo del verano, para tener qué comer en el invierno.

4. *Para la conservación de las especies.*

Y allende de esto, así como la divina Providencia tuvo cuidado de la conservación de las especies de las plantas, ordenando que fuesen tantas las semillas que de ellas proceden, que nunca faltase materia de donde naciesen, así también lo tuvo de la conservación de las especies de los animales, a los cuales, en cierto tiempo del año, inclina la naturaleza con tanta vehemencia a esta conservación de su especie, que nunca jamás en esto faltó ni faltará.

De lo cual no poco se maravillaron Platón en el *Timeo* y Tulio en el Libro *De la naturaleza de los dioses,* considerando cuán infalible, cuán solícita es aquella divina Providencia en la conservación de las cosas que crió, pues en todos los años diputó un cierto tiempo en el cual los animales tuviesen estas inclinaciones tan vehementes, y acabado este tiempo, del todo cesasen, y volviesen a aquel reposo primero, y conversasen los machos con las hembras con toda honestidad y templanza. La cual templanza declara que en la naturaleza humana hubo corrupción de pecado, pues tan lejos está de guardar esta ley.

Mas ¡cuán solícitos y cuidadosos son en la creación de los hijos que engendran, esto es, en mantenerlos, y defenderlos, y ponerlos en lugar seguro donde no reciban daño! Y aunque de éstos haya muchos ejemplos, no dejaré de referir uno. Parió una perra en un monasterio nuestro tres o cuatro perrillos, los cuales, por no ser necesarios, mataron los religiosos y arrojaron por diversas partes de una huerta. Mas la madre, viéndose sin hijos, andaba todo el día oliscando por toda la huerta, hasta que finalmente los halló, y así muertos los volvió al mismo lugar donde los criaba. Viendo esto los religiosos, arrojáronlos en un tejado alto, para el cual no parecía haber subida. Mas la grandeza de este amor natural dio ingenio a la madre para que, saltando por una ventana en un tejadillo, y de aquél en otro, finalmente vino a dar en los hijos, y así volvió por los mismos pasos a traerlos a su primer lugar.

En lo cual se ve claro cuán perfecta sea aquella divina Providencia en todas las cosas, pues tanta fuerza de amor puso en los padres para la crianza de los hijos cuando son chiquitos.

Y no menos resplandece esta providencia en las aves, a las cuales dió mayor amor de los hijos, por haberles puesto mayor carga en la criación de ellos. Porque para la ligereza que les era necesaria para volar, no convenía tener ni la carga de la leche ni de los vasos de ella. Por lo cual era necesario que para mantener los hijuelos quitasen parte del mantenimiento que tenían para sí, buscando con trabajo, y lo partiesen con ellos. De donde nace que si tomáis un pajarico del nido y lo encerráis en una jaula, allí lo reconocen sus padres, y por entre las verjas le dan su ración, y parten con él lo que para sí habían buscado.

Y porque esto era más dificultoso de hacer, proveyólas el Creador de mayor amor para vencer esta dificultad, porque éste es el que todo lo puede y todo lo vence, el cual es para sí escaso, por ser piadoso y largo para el que ama. Por lo cual dijo San Bernardo: Amemos, hermanos, a Cristo, y luego todo lo dificultoso se nos hará fácil. Este amor se ve claro en una gallina que cría, porque con ser ésta un ave muy tímida y desconfiada, si queréis llegar a los pollos que cría, comienza a graznar y engrifarse y ponerse contra vos.

Mas, volviendo a la creación de las aves, es mucho para considerar la habilidad que el Creador les dió para fabricar los nidos, tejidos a manera de cestitos proporcionados a la medida de sus hijos, y dentro del nido ponen algunas pajicas o plumillas blandas, para que los hijos aún tiernos no se lastimen con la aspereza de él. Pues ¿qué más hicieran estos padres, si tuvieran uso de razón? Y los hijicos, por no ensuciar esta cama con los excrementos del vientre, pónense al canto del nido para purgarlo, y después los padres lo echan fuera con el pico, el cual es maestro mayor, que sólo basta, así para la fábrica del nido como para la limpieza de él.

Y porque algunas aves y otros animales hay muy seguidos de los cazadores y flacos para defenderse, suplió la divina Providencia esta falta con notable fecundidad, para que así se conservase la especie, como lo vemos en las palomas y en los conejos, que casi cada mes crían, y también en las perdices, que ponen a veces veinte huevos. De donde nace que, habiendo para ellas tantos cazadores, siempre tienen qué cazar por razón de esta fecundidad.

5. *Con armas ofensivas y defensivas.*

Tienen, otrosí, todos los animales armas ofensivas y defensivas: unos, cuernos; otros, uñas, y otros, dientes; y los desarmados y tímidos tienen astucia y ligereza para defenderse de la violencia de los poderosos, como la liebre y el gamo, que, como son los más tímidos de todos los animales, así son los más ligeros.

Todos también conocen el uso de sus miembros, como lo vemos en el becerrillo y en el jabalí pequeño, los cuales, antes aún que les nazcan estas armas, acometen a herir con aquella parte donde han de nacer.

Asimismo, todos conocen la fuerza de los más poderosos, y así tiemblan las avecillas cuando suena el cascabel del gavilán. Todos, otrosí, conocen el pasto que les es saludable y el que les será dañoso, y usando del uno no tocan en el otro, por mucha hambre que tengan. Este conocimiento tienen los animales con el olor de las mismas yerbas que pacen. Porque este sentido de oler es más vivo en los brutos que en los hombres. Para lo cual escribe Galeno una experiencia que hizo poniendo otra con aceite, y otra con migas, y otra con leche; mas el cabritillo, oliendo una de éstas, la dejaba, y en llegando a la de la leche, luego comenzó a beberla. De esta manera, pues, la divina Providencia enseña a los brutos lo que sin estudio no alcanzan los hombres.

Asimismo, todos los animales tienen habilidad para buscar su mantenimiento, como lo vemos en el perrillo, que, acabando de nacer, cerrados los ojos, atina luego con las tetas de la madre, y cuando no corre la leche, él la llama apretando con las manecillas la fuente de donde nace. ¿Qué más diré?.

Como el Criador vió que donde faltaba la razón faltaba también habilidad para buscar el vestido y el calzado, proveyólos en naciendo, y a muchos antes que nazcan, de lo uno y de lo otro, a unos de plumas, a otros de cueros y pelos, a otros de lana, a otros de escamas, a otros de conchas; algunos de los cuales mudan cada año la ropa, mas a otros dura sin romperse ni envejecerse toda la vida.

Y sobre todas estas providencias vemos que muchos animales, sin poder hablar, tienen voces con que significan unas veces ira y braveza, otras mansedumbre, otras hambre y sed, otras dolor. También las avecillas en el nido con el chillido significan el hambre que padecen, y con él solicitan a los padres para que les den de comer.

6. *Los animales participan a su manera de la felicidad.*

Sobre todas estas cosas que son comunes a todos los animales, hay otra que grandemente declara no sólo la providencia, sino también la bondad, la suavidad y la magnificencia del Criador.

Porque no contento con haber dado ser a todos los animales y habilidades para conservarlo, dióles también toda aquella manera de felicidad y contentamiento de que aquella naturaleza era capaz. Lo uno y lo otro declaró aquel divino Cantor, cuando dijo (Salm. 144, 15): Los ojos de todas las criaturas esperan en Vos, Señor, y Vos les dais su manjar en tiempo conveniente. Esto dice por lo que toca a la provisión del mantenimiento. Y añade más: Abrís Vos vuestra mano, y henchís todo animal de bendición.

Pues por estos nombres de henchimiento y de bendición se ha de entender esta manera de felicidad y contentamiento con que este Señor hinche el pecho de todos los animales, para que gocen de todo aquello que según la capacidad de su naturaleza pueden gozar.

Pongamos ejemplos. Cuando oímos deshacerse la golondrina, y el ruiseñor, y el jilguerito, y el canario cantando entendamos que si aquella música deleita nuestros oídos, no menos deleita al pajarico que canta. Lo cual vemos que no hace cuando está doliente o cuando el tiempo es cargado y triste.

Porque de otra manera, ¿cómo podría el ruiseñor cantar las noches enteras, si él no gustase de su música, pues, como dice la filosofía, el deleite hace las obras? Cuando vemos, otrosí, los becerricos correr con grande orgullo de una parte a otra, y ios corderillos y cabritillos apartarse de la manada de los padres ancianos, y repartirse en dos puestos, escaramuzar los unos con los otros y acometer unos y huir otros, ¿quién dirá que no se haga esto con grande alegría y cotentamiento de ellos?

Y cuando vemos juguetear entre sí los gatillos y los perrillos, y luchar los unos con los otros, y caer ya debajo, ya encima, y morderse blandamente sin hacerse daño, ¿quien no ve allí el contentamiento con que esto hacen?

Ni menos se huelgan los peces en nadar, y las aves en volar, y el cernícalo cuando está haciendo represas y contenencias y batiendo las alas en el aire.

Pues por lo dicho entenderemos lo que quiso significar aquel gran Dionisio, cuando dijo que Dios pretendía hacer todas las cosas semejantes a sí, cuando lo sufre la capacidad y naturaleza de ellas.

Por donde, así como Él tiene ser, y bienaventurado ser, así quiso Él que todas las criaturas, cada cual en su manera, tuviesen lo uno y lo otro. Y para esto no se contentó con haberles dado tantas habilidades para conservarse en su ser, sino quiso también que le imitasen en esta manera de bienaventuranza y contentamiento de que las hizo capaces.

Pues ¿cuán grande argumento es este de aquella inmensa bondad y largueza, que así se comunica a todas sus criaturas y las regala? ¡Oh inmensa bondad! ¡Oh inefable suavidad! Si hiciérades, Señor, esto con las criaturas racionales, que pueden reconocer este beneficio y daros gracias por él, no fuera tanto de maravillar; mas hacerlo con criaturas que ni os conocen ni alaban ni os han de agradecer este regalo, esto nos declara la grandeza de vuestra bondad, de vuestra realeza, de vuestra nobleza y de vuestra magnificencia para con todas vuestras criaturas, pues les dais de pura gracia todo aquello de que es capaz su naturaleza, sin esperar retorno de agradecimiento por ello.

En lo cual nos dais a entender lo que tendréis guardado así en esta vida como en la otra para los que os sirven y aman, pues tal os mostráis con las criaturas insensibles que no os conocen.

De todas estas maravillas está llena, Señor, la Tierra, la mar y los aires, por donde con tanta razón exclama el Profeta Real (Salm. 2, 2): Señor nuestro, ¡cuán admirable es vuestro nombre en toda la tierra! Y por esta misma causa dice que en todo este mundo, desde el principio, donde el sol sale, hasta el fin, donde se pone, es el nombre del Señor digno de ser alabado, porque todas las cosas que vemos en Él nos dan copiosa materia de su alabanza.

Son tantas las cosas en que aquella inmensa Majestad se quiso dar a conocer a los hombres, y resplandece en tantas cosas su providencia y sabiduría, que no sólo en los animales más grandes, sino también en los muy viles y pequeños, se ve ella muy a la clara.

Lo cual dice San Jerónimo en el epitafio de Nepociano, por estas palabras: No solamente nos maravillamos del Creador en la fábrica del cielo y de la tierra, del sol, el mar Océano, de los elefantes, camellos, caballos, onzas, osos, leones, sino también en la de otros pequeñitos animales, como es la hormiga, el mosquito, la mosca y los gusanillos, y en todos estos géneros de animalillos, cuyos cuerpos conocemos más que los nombres de ellos, y no menos en esas cosas que en las otras grandes, veneramos la sabiduría y providencia del que los hizo.

Pero a San Agustín más admirable parece el artificio del Creador en estas cosas pequeñas que en las grandes. Y así dice él: Más me espanto de la ligereza de la mosca que vuela que de la grandeza de la bestia que anda, y más me maravillo de las obras de las hormigas que de las de los camellos. Y Aristóteles dice en el primer libro *De las partes de los animales,* que ningún animalito hay tan vil y tan despreciado, en el cual no hallemos alguna cosa divina y de grande admiración.

7. *De la fábrica y habilidades del mosquito.*

De esto pone un singular ejemplo Plinio, (1.II, c. 2.) maravillándose más de la fábrica del mosquito que de la del elefante. Porque en los cuerpos grandes, dice él, hay bastante materia para que el artífice pueda hacer lo que quisiere; mas en estos tan pequeños y tan nada, ¡cuán gran concierto, cuán gran fuerza y cuánta perfección les puso, donde asentó tantos sentidos en el mosquito, donde puso los ojos, donde aplicó el gusto, donde engirió el sentido del oler, donde asentó aquel tan temeroso zumbido, y tan grande, según la proporción de su cuerpo! ¡Con cuánta sutileza le juntó las alas, y extendió los pies, y formó el vientre vacío, donde recibe la sangre, mayormente de la humana! ¡Con qué afiló aquel aguijón con que hiere, y con cuánta sutileza, siendo tan delgado, lo hizo cóncavo, para que por él mismo beba sangre que con él saca!.

Mas los hombres maravíllanse de los cuerpos de los elefantes, que traen sobre sí torres y castillos, y de otros grandes y fieros animales, siendo verdad que la naturaleza en ninguna parte está más entera y más toda junta que en los pequeños. Hasta aquí son palabrass de Plinio, el cual con mucha razón se espanta de tantos sentidos como tiene un mosquito.

Mas especialmente causa más admiración hallarse en él ojos. Porque espántanse los anatomistas del artificio con que el Creador formó este sentido tan excelente, con que tantas cosas conocemos. Pues ¿quién no se maravilla de que ese tan artificioso y tan delicado sentido haya formado el Creador en una cabeza tan pequeña como la del mosquito y de la hormiga?

Tienen también muy vivo el sentido del oler, el cual experimentamos cada día a nuestra costa. Porque estando el hombre durmiendo en una sala grande, cubierto parte del rostro con algún lienzo por miedo de él, viene él desde el cabo de la sala muy despacio con su acostumbrada música y dulzaina y acierta a asentárseos en la parte del rostro que está descubierta. Lo cual no es por la vista, porque la pieza está oscura, sino por sólo el olor, que tan agudo es.

Pues aún otra habilidad de este animalillo diré yo, que experimenté. Asentóseme uno junto a la uña del dedo pulgar de la mano, y púsose en orden, como suele, para herir la carne. Mas como aquella parte del dedo es un poco más dura no pudo penetrarla con aquel aguijón. Yo de propósito estaba mirando en lo que esto había de parar. Pues ¿qué hizo él entonces? Tomó el aguijoñcillo entre las dos manecillas delanteras, y a gran prisa comienza a aguzarlo y adelgazarlo con la una y con la otra, como hace el que aguza un cuchillo con otro. Y esto hecho, volvió a probar si hecha esta diligencia podría lo que antes no pudo. Dicen del unicornio que, habiendo de pelear con el elefante, aguza el cuerno en una piedra, y esto mismo hace este animalillo para herirnos, aguzando aquél su aguijón con las manecillas.

Todo esto, pues, nos declara cuán admirable sea el Creador, no sólo en las cosas grandes, sino mucho más aún en las pequeñas.

A este propósito sirve lo que Hugo de San Víctor dice por estas palabras: Por muchas vías pueden ser las cosas admirables, unas veces por grandes, otras por muy pequeñas. Por grandes nos maravillamos de las cosas que exceden la cuantidad de la criaturas de su género. Y así nos maravillamos de los gigantes entre los hombres, y de las ballenas entre los peces, y del grifo entre las aves, y del elefante entre los animales, y del dragón entre las serpientes.

Mas por pequeñas nos maravillamos de las que entre todos los otros animales son de muy pequeños cuerpos, como es la polilla que roe los vestidos, el mosquito, y los gusanillos, y otros animalillos de esta cuantidad.

Mira luego de qué te debes maravillar más, de los dientes del jabalí o de los de la polilla; de las alas del grifo o de las del mosquito; de la cabeza del caballo o de la langosta; de las piernas del elefante o de las del mosquito; del león o de la pulga, del tigre o del galápago. En aquellas cosas te maravillas de la grandeza, aquí de la pequeñez.

A estos pequeños dio el Creador ojos, los cuales apenas pueden ver nuestros ojos, y les dio todos los otros miembros e instrumentos que eran necesarios para su conservación, con tanta perfección, que ninguna cosa vemos en los animales grandes que no la hallemos en los pequeños. Lo dicho es de Hugo.

Supuesto este fundamento, comenzaremos por un animal de los más pequeños, que es la hormiga, en la cual, siendo tan pequeña, veremos cosas verdaderamente grandes.

8. *De la diligencia de las hormigas.*

Después de aquella general pérdida y desnudez que nos vimos por aquel común pecado, el pricipal remedio que nos quedó fue la esperanza en la divina misericordia, como lo significó el Profeta cuando dijo (Salm. 4, 9): En paz dormiré y descansaré seguro, porque tú, Señor, singularmente pusiste mi remedio en tu esperanza.

Para esforzar esta virtud tenemos muchos y muy grandes motivos, de que no es ahora tiempo de tratar; mas entre éstos no pienso que mentiré si dijere que no poco se esfuerza esta virtud con la consideración de las habilidades admirables que el Criador dio a un animalillo tan despreciado, tan vil y tan inútil como es una hormiguilla, la cual, cuando es más pequeña, tanto más declara el poder de quien tales habilidades puso en cuerpo tan pequeño.

Porque, primeramente, siendo verdad que los otros animales comúnmente no tienen más cuenta que con lo presente, porque alcanzan poco de lo futuro y de lo pasado, como dice Tulio, pero este animalillo, a lo menos por la obra, siente tanto de lo que está por venir, que se provee en el verano, como vemos, para el tiempo del invierno.

Mas, tornando al propósito, ésta es la primera habilidad de las hormigas. La segunda es que, sin más herramienta ni albañil que su boquilla, hacen un alholí o silo debajo de la tierra, donde habiten y donde guarden su mantenimiento. Y aun este alholí no lo hacen derecho, sino con grandes vueltas y revueltas a una parte y otra, como se dice de aquel laberinto de Dédalo, para que, si algún animalejo enemigo entrare por la puerta, no las pueda fácilmente hallar ni despojar de sus tesoros. Y con la misma boquilla que hicieron la casa, sacan fuera la tierra y la ponen por vallado a la puerta de ella.

Cuando van a las parvas a hurtar el trigo, las mayores, como capitanes, suben a lo alto y tronchan las espigas, echándolas donde están las menores; las cuales, sin más pala ni trilla que sus boquillas, las mondan y desnudan, así de las aristas como de las vainicas donde está el grano, y así, limpio y mondado, lo llevan a su granero, asiéndolo con la misma boca y andando hacia atrás, estribando con los hombros y con los pies para ayudar la carga. Para lo cual, como dice Plinio, tienen mayor fuerza, según la cantidad de su cuerpo, que todos los animales. Porque apenas se hallará un hombre que pueda caminar un día llevando a cuestas otro hombre, y ellas llevan un grano de trigo, que pesa más que cuatro de ellas, y perseveran en llevar esta carga, no sólo todo el día, más también toda la noche. Porque son tan grandes trabajadoras que juntan el día con la noche cuanto está la luna llena.

Mas ¿qué remedio para que el trigo, estando debajo de la tierra, no nazca, mayormente cuando llueve? ¿Qué corte diera en esto un hombre de razón, presupuesto que el grano había de perseverar en el mismo lugar? De mí confieso que no lo supiere dar: mas sábelo la hormiguilla, enseñada por otro mejor maestro. Porque roe aquella punta del grano por donde él ha de brotar, y de esta manera lo hace estéril e infructuoso. Hecho eso, ¿qué remedio para que la humedad, que es madre de corrupción, no lo pudra estando debajo de la tierra mojada? También sabe su remedio para esto, porque tiene cuidado de sacar al sol su depósito los días serenos, y después de enjuto, lo vuelven a su granero. Y con esta diligencia muchas veces repetida lo conservan todo el año.

Otra admirable diligencia se escribe de ellas, porque no sólo se mantienen del grano, sino de otras muchas cosas, y cuando éstas son grandes, hácenlas pedazos para que así las puedan llevar.

Otra cosa se escribe de ellas admirable, y es que, cuando andan acarreando sus vituallas de diversos lugares sin saber unas de otras, tienen ciertos días que ellas reconocen, en que vienen a juntarse como en una feria para reconocerse y tenerse todas por miembros de una misma república y familia, sin admitir a otras. Y así acuden con gran concurso de diversas partes a esta junta, a reconocerse y holgarse con sus hermanas y compañeras.

9. *Vencieron con su astucia mi providencia.*

Son en gran manera amigas de cosas dulces, y tienen el sentido de oler tan agudo, que doquiera esté, aunque sea una lanza en alto, lo huelen y lo buscan. Para lo cual tienen otra extraña habilidad, que por muy escalada y muy lisa que esté una pared, suben y andan por ella como tierra llana.

Y no dejaré de contar aquí otra cosa que experimenté, la cual me puso admiración. Tenía yo en la celda una ollica verde con un poco de azúcar rosado, la cual por temor de ellas, de que allí era muy molestado, tapé con un papel recio y doblado para más firmeza, y atélo muy bien al derredor, de modo que no hallasen ellas entradero alguno, el cual saben ellas muy bien buscar, por muy pequeño que sea. Acudieron de ahí a ciertos días ellas al olor de lo dulce. Porque su oler es tan penetrativo, que, aunque la cosa dulce esté bien tapada, la huelen; venidas, pues, ellas al olor de lo dulce, y como buscadas todas las vías no hallasen entrada, ¿qué hicieron? Determinan de dar un asalto, y romper el muro para entrar dentro. Y para esto, unas por un lado de la ollilla y otras por la banda contraria, hicieron con sus boquillas dos portillos en el papel doblado, que yo tenía por muro seguro, y cuando acudí a la conserva, pareciéndome que la tenía a buen recaudo, hallé los portillos abiertos en él, desatándolo, veo dentro un tan grande enjambre de ellas, que no sirvió después la conserva más que para ellas.

De modo que podemos decir que ellas me alcanzaron de cuenta y supieron más que yo, pues vencieron con su astucia mi providencia.

10. *Del artificio de las arañas.*

En esta misma cuenta y para este mismo fin que dijimos, sirven las arañas, pues no sirven para el uso de la vida humana, ni son pequeñas las habilidades que el Creador les dio para mantenerse.

Su mantenimiento es la sangre de las moscas, y para prenderlas hacen una tela más sutil que cuantas tejen en el reino de Camboya, sin otra materia que la que sacan de su mismo vientre, el cual, con ser tan pequeño, basta para dar hilaza a tan grande tela como a veces hacen. Pues con esta tela cerca el araña el agujero donde está escondida como espía o como salteador de caminos, que espera el lance para saltear y robar. Y cuando la mosca, inocente de tales artes, se asienta en aquella tela y embaraza los pecillos en ella, acude el ladrón a gran priesa y enlázala por todas partes para tenerla segura. Y esto hecho, salta sobre ella y chúpale la sangre, de que se mantiene.

Otras hay que hacen sus telas en el aire, echando los hilos sobre que la han de fundar en las ramas de algún árbol, y sobre éstos hacen una perfectísima red con sus mallas, como la de un pescador o cazador, y puestas ellas en medio, esperan el lance de la caza, y corren por aquellos hilos tan delgados como si corriese por alguna maroma, y así prenden la caza.

Donde es mucho para considerar el puesto y lugar en que se ponen, que es en el punto o centro de aquella circunferencia, adonde van a fenecer y juntarse todas las líneas que de ellas puede tocar la mosca, que ella en ese punto no lo sienta y, corriendo por la misma línea, no la prenda.

¡Cuántas cosas hay aquí que considerar y en que ver el artificio de la divina Providencia! ¡Qué red tan perfecta! ¡Qué hilos tan delicados! ¡Qué cerco tan proporcionado! ¡Qué puesto tan bien escogido para la caza! Mas todo esto a mí se dice, conmigo habla, porque por lo demás, poco caso había de hacer el Creador de las arañas.

Otras hay que hacen su nido debajo de la tierra, el cual emparamentan al derredor con muchas telas, unas sobre otras, para que la tierra que se podría desmoronar no ciegue su casa y las tierras vivas. Pero otra cosa hay en ellas más para notar, y es que hacen un tapadero con que cubren la boca de este nido, que será de la hechura de un medio bodoque, y hácenlo de un poquito de tierra, vistiéndolo de tantas telas o camisas al derredor, que viene a juntar con la boca de él tan perfectamente, que apenas se diferencia de la otra tierra vecina. Y lo que es de más admiración y artificio, estas camisas se prenden y continúan por una parte con las otras telas de que todo el nido está vestido. De suerte que sirve este prendedero como de un gonce, para que esté continuada la tela de esta compuerta por una parte con las de dentro.

Pues ¿quién pudo enseñar a este animalejo a guarnecer y entapizar su casa, y ponerle sus puertas con tan gran primor, sino quien lo pudo criar?

Dirá alguno: muy menudas son esas cosas que tratais, habiendo tomado a cargo tratar de la creación del mundo. A eso responde Aristóteles en su libro *De los animales* diciendo que en los más pequeños de ellos resplandece más una semejanza de entendimiento que en los otros. De modo que cuanto ellos son menores y más viles, tanto más declaran la omnipotencia y sabiduría de aquel Señor que en tan pequeños cuerpezuelos puso tan extrañas habilidades, y tanto más declaran las riquezas de su providencia, pues no falta a tan viles y pequeñas criaturas en todo aquello que es necesario para su conservación.

Por donde entenderemos cuánto mayor cuidado tendrá de proveer a las cosas mayores quien tan grande lo tiene de las menores, y tanto menores.

11. *De la utilidad de las abejas y del gusano que hace la seda.*

Mas a todo lo dicho hacen ventaja dos animalillos que entran en la cuenta de los más pequeños, que son el gusano que hila la seda y la abeja que hace la miel; de los cuales trataremos aquí como de cosa más admirable que todas las pasadas.

Porque, comenzando por el gusano que hila la seda ¿no es cosa de gran admiración que un gusanillo tan pequeño hile una hilaza tan sutil y tan prima, que todas las artes e ingenios humanos nunca hasta hoy lo hayan podido imitar? ¿No es maravilla haber dado el Criador facultad a este animalillo para dar materia a toda la lozanía del mundo, que es el terciopelo, al tafetán, al damasco, al carmesí altibajo, para vestir los nobles, los grandes señores, los reyes y emperadores, y diferenciarlos con la hermosura de este hábito del otro pueblo menudo? ¿No es cosa de admiración que no haya tierra de negros ni región tan bárbara y tan apartada donde no procuren los reyes de autorizarse con la ropa que se hace por la industria de estos gusanillos? Y no sólo la gente del mundo, mas también las iglesias, y los altares, y las fiestas y oficios divinos se celebran y autorizan con este mismo ornamento.

Pue ¿qué diré de las abejas, que, con tener menores cuerpos, proveen de un licor suavísimo y muy saludable a todo el mundo, que es la miel, la cual sirve para dar sabor a todos los manjares, para provisión de las boticas, para remedio de los estómagos flacos y para tantas diferencias de conservas que se hacen con ella?

Pues ¿cuán provechosa es también la cera que ellas fabrican junto con la miel? Con ella resplandecen los altares, con ella se autorizan las procesiones, de ella se sirven las cofradías, con ella se celebran los enterramientos y con ella honran las mesas de los grandes señores y los reyes. Y todo esto hace un animalillo poco mayor que una mosca.

¿Quién creyera estas dos cosas si nunca las hubiera visto, mayormente si le contaran el concierto que guardan estos animalillos en su manera de república y orden de vida?

¡Oh gran Dios, y cuán admirable sois, Señor, en todas vuestras obras, así en las de naturaleza como en las de gracia! Y no es esto de espantar, pues las unas y las otras son vuestras, y ambas hijas de un mismo padre, y por esto se parecen tanto las unas con las otras.

12. *Del orden y concierto que guardan las abejas.*

Si nos pone en admiración el fruto de las abejas, muy más admirables es la orden y concierto que tienen en su trato y manera de vida. Porque quien tuviere conocimiento de lo que gravísimos autores escriben de ellas, verá una república muy bien ordenada, donde hay rey, y nobles, y oficiales que se ocupan de sus oficios, y gente vulgar y plebeya que sirven a éstos, y donde también hay armas para pelear, y castigo y penas para quien no hace lo que debe.

Verá, otrosí, en ellas la imagen de una familia muy bien regida, donde nadie está ocioso y cada uno es tratado según su merecimiento.

Verá también aquí la imagen de una congregación de religiosos de grande observancia. Porque primeramente las abejas tienen su prelado o presidente, a quien obedecen y siguen. Viven en común sin propios, porque todas las cosas entre ellas son comunes. Tienen también sus oficios repartidos, en que se ocupan. Tienen sus castigos y penitencias para los culpables. Comen todas juntas a una misma hora, hacen su señal a boca de noche al silencio, el cual guardan estrechísimamente, sin oírse el zumbido de ninguna de ellas. Hacen otra señal a la mañana para despertar al común trabajo y castigan a las que luego no comienzan a trabajar. Tienen sus celadoras, que velan de noche para guardar la casa y para que los zánganos no les coman la miel. Tienen sus porteros a la puerta para defender la entrada a los que quisieran robar. Tienen también sus frailes legos, que son unas abejas imperfectas, que no hacen cera ni miel mas sirven de acarrear mantenimiento y agua, y de otros oficios necesarios y bajos.

Todo esto trazó y ordenó aquel soberano artífice con tanta orden y providencia, que pone grande admiración a quien lo sabe contemplar.

Escríbese de la reina de Saba que, viendo la orden y concierto de la casa de Salomón, que desfallecía su espíritu viendo las cosas tan bien ordenadas por la cabeza y traza de este gran rey.

No es mucho de maravillar que un hombre que excedía a todos los hombres en sabiduría hiciese cosas dignas de tan grande admiración; mas que un animalillo tan pequeño haga las mismas cosas tan bien ordenadas en su manera de vida, es eso cosa que sobrepuja toda admiración, puesto que la costumbre cotidiana de ver estas cosas les quita gran parte de ella.

Plinio escribe que Aristómaco Solense se maravillaba y deleitaba tanto en contemplar las propiedades de las abejas, que por espacio de cincuenta y ocho años ninguna otra cosa más principalmente hacía que ésta. Y de otro insigne hombre escribe que moraba en los campos par de las colmenas, por mejor alcanzar las propiedades y secretos de estos animalillos. Los cuales ambos escribieron muchas cosas que alcanzaron con esta larga experiencia y diligencia.

Yo aquí recopilaré lo que dos graves autores, Plinio y Eliano, escriben de esta materia, en la cual ninguna cosa hay que no sea admirable y que no esté dando testimonio de la sabiduría y providencia de aquel artífice soberano que todo esto hizo.

Y pido al cristiano lector que no tenga por increíbles las cosas que aquí se dijeren, considerando por una parte la autoridad y experiencia de los que las escribieron, y por otra, que no son tanto las abejas las que esto hacen, cuanto Dios, que quiso dársenos a conocer obrando en ellas todas estas maravillas.

Mas el sentimiento de esto remito a la devoción y prudencia del lector. Porque si con cada cosa de éstas hubiese de juntar su exclamación, hacerse había un tratado muy prolijo. Solamente diré que, siendo el hombre criado a imagen de Dios, por haber recibido en un alma aquella divina lumbre de la razón, con la cual no sólo alcanza las cosas divinas, sino también sabe trazar una república muy bien ordenada, con todas las partes y oficios que para ellas se requiere; con ser esto así, verá que todo esto que alcanza el hombre con esta lumbre divina traza y ejecuta este animalillo muy más perfectamente que ese mismo hombre.

Esta consideración sirva para cada una de las cosas que aquí dijéramos, acordándonos, como digo, que todo esto hace Dios para que reconozcamos su grandeza y providencia, y conforme a este conocimiento le honremos y veneremos.

13. *Tienen un solo rey.*

Comenzaré, pues, por lo que todos sabemos, esto es, que las abejas tienen su rey, a quien obedecen y siguen por doquier que va. Y como los reyes entre los hombres tienen su insignias reales, que son corona y cetro, y otras cosas tales, con que se diferencian de su vasallos, así el Creador diferenció a este rey de los suyos, dándole mayor y más hermoso y resplandeciente cuerpo que a ellos. De modo que los que allí inventó el arte, aquí proveyó la misma naturaleza.

Nacen de cada enjambre comúnmente tres o cuatro reyes, porque no haya falta de rey, si alguno peligrase; mas ellas entienden que no les conviene más que un solo rey, y por eso matan a los otros, aunque con mucho sentimiento suyo. Mas vence la necesidad y el amor de la paz al justo dolor, porque esto entienden que les conviene para excusar guerra y divisiones.

Aristóteles, al fin de su *Metafísica,* presuponiendo que la muchedumbre de los principados es mala, concluye que no hay en toda esta gran república del mundo más que un solo príncipe, que es un solo Dios. Mas la abejas, sin haber aprendido esto de Aristóteles, entienden el daño que se sigue de tener muchos príncipes, y por eso, escogiendo uno, matan los otros, aunque no sin sentimiento y dolor. Ya en esto vemos una gran discreción y maravilla en tan pequeño animalillo.

14. *Cómo fabrican su morada.*

Escogido el rey, tratan de edificar sus casas, y primeramente dan un betumen a todas las paredes de la casa, que es la colmena, hecho de yerbas muy amargas, porque como saben que es muy codiciada la obra que han de hacer de muchos animalillos, como son avispas, arañas, ranas, golondrinas, serpientes y hormigas, quiérenle poner este ofensivo delante para que, exasperadas con esta primera amargura, desistan de su hurto. Y por esta misma causa, las primeras tres órdenes de las casillas que están en los panales más vecinos a la boca de la colmena están vacíos de miel, porque no halle luego el ladrón a la mano en qué se pueda cebar. Esta es también otra providencia y discreción.

Hecho este reparo, hacen sus casas. Y primeramente para el rey edifican una casa grande y magnífica, conforme a la dignidad real, y cércanla de vallado, como de un muro, para más autoridad y seguridad. Luego edifican casa para sí, que son aquellas celdillas que vemos en los panales, las cuales les sirven para su habitación, y para la criación de los hijos, y para guardar en ellas como en unos vasos la provisión de su miel.

Las cuales celdas hacen tan perfectas y proporcionadas, cada una de seis costados, y tan semejantes unas a otras como vemos, para lo cual ni tienen necesidad de regla, ni de plomada, ni de otros instrumentos más que su boquilla y sus pecillos tan delicados, donde no sabréis de qué os hayáis más de maravillar, o de la perfección de la obra o de los instrumentos con que se hace. Ni se olvidan de hacer también casas para sus criados, que son los zánganos, aunque menores que las suyas, siendo ellos mayores.

15. *Repartimiento del trabajo.*

Hecha la casa y ordenados los lugares y oficinas de ella, síguese el trabajo y el repartimiento de los oficios para el trabajo en la forma siguiente. Las más ancianas, y que son ya como jubiladas y exentas del trabajo, sirven de acompañar al rey, para que esté con ellas más autorizado y honrado. Las que en edad se siguen después de éstas, como más diestras y experimentadas que las más nuevas, entiende en hacer miel.

Las otras más nuevas y recias salen a la campaña a buscar los materiales de que se ha de hacer así la miel como la cera. Y cada una trae consigo cuatro cargas. Porque con los pies delanteros cargan las tablas de los muslillos, la cual tabla no es lisa, sino áspera, para que no despidan de sí la carga que le ponen; y con el pico cargan los pies delanteros, y así vuelven a la colmena con estas cuatro cargas que decimos.

Otras entienden de dos en dos, o de tres en tres, en recibir de éstas y descargarlas cuando vienen. Otras llevan estos materiales a las que hacen la miel, poniéndolos al pie de la obra. Otras sirven de dar a la mano a estos oficiales para que la hagan. Otras entienden en pulir y bruñir los panales, que es como encalar la casa después de hecha. Otras se ocupan en traer mantenimientos de ciertas cosas de que ellas comen. Otras sirven de azacanes, que traen agua para las que residen dentro de la casa, la cual traen en la boca y en ciertos pelillos o vello que tienen por el cuerpo, con los cuales, viniendo mojados, refrigeran la sed de las que están dentro trabajando. Y de este oficio de acarrear agua y de traer mantenimiento sirven principalmente los zánganos. Otras hay que sirven de centinelas y guardas, que asisten a la puerta para defender la entrada a los ladrones.

A todo esto preside el rey, y anda por sus estancias, mirando los oficios y trabajos de sus vasallos y exhortándolos al trabajo con su vista y real presencia, sin poner él las manos en la obra. Porque no nació él para servir, sino para ser servido como rey. Y junto a él van otras abejas que sirven de lo acompañar como a rey.

16. *Leales a su rey.*

Cuando se han de mudar para otro lugar, no han de dar paso sin su rey. Todas le toman en medio para que no sea fácilmente visto, y todas procuran acercarse más a él, y mostrársele más serviciales. Y si es ya viejo, que no puede así volar, tóman lo sobre sus hombros, y así lo llevan. Y donde él asienta, allí todo el ejército se asienta. Y si por caso desaparece y se desmanda de ellas, búscanlo con grande diligencia, y sácanlo por el olor, que tienen muy vivo, y restitúyenlo a sus vasallos; porque faltando él, todo el ejército se derrama y se pierde.

No se ha sabido hasta ahora si tiene aguijón o no, mas lo que se sabe es que, si lo tiene, no usa él, por ser cosa indigna de la majestad real ejecutar por su persona oficio de verdugo, entendiendo el primor que los filósofos enseñan diciendo que los reyes han de hacer por sí los beneficios y por otros ejecutar los castigos, y que ninguna cosa adorna más el estado de los reyes que la clemencia, y ninguna los hace más amables y asegura más sus estados y sus vidas.

Y por esta virtud, las abejas son tan amigas de su rey y tan leales, que, si él muere, todas lo cercan y acompañan, que ni quieren comer ni beber, y, finalmente, si no se le quitan delante, allí se dejaran morir con él; tanta es la fe y la lealtad que tienen con su rey.

17. *Cómo se defienden.*

Ni dejó el Creador a este animalillo desarmado, antes, según la cuantía de su cuerpo, no hay armas más fuertes que las suyas, que es aquel aguijón con que pican y hieren a los que vienen a hurtar. Porque como tienen a cargo tan gran tesoro, y codiciado de tantos, era razón que quien las creó les diese competentes armas para defenderlo. Y por esta misma causa tienen velas a la puerta, porque ninguno entre a hurtar sin ser sentido y resistido en la manera posible.

No salen al campo en todos los tiempos del año, sino cuando hay flores, porque de todo género de flores se aprovechan para su oficio. Mas en tiempo de fríos y nieves están quedas en su casa, manteniéndose en el invierno de los trabajos del verano, como hacen las hormigas.

No se desvían de la colmena más que sesenta pasos, y este espacio agotado, envían sus espías delante para reconocer la tierra y darles nuevas del pasto que hay.

Y porque no faltase nada en que dejasen de imitar estos animales a los hombres, así en lo bueno como en lo malo, también pelean un enjambre con otro sobre el pasto, aunque más sangrienta es la pelea cuando les falta el mantenimiento, porque entonces acometen a robar las vituallas unas a otras. Y para esto salen los capitanes con sus ejércitos, y pretendiendo unos robar y otros defender, trábase entre ellos una cruda batalla, en la cual muchas mueren: tan poderosa es la necesidad, que hace despreciar todas las leyes de humanidad y justicia.

18. *Modelos de prudencia y previsión.*

Todo cuanto hasta aquí habemos dicho es una manifiesta imitación de la política y prudencia humanas. Y si nos pone admiración hacer estos animalillos lo que hacen los hombres, cuánto mayor nos la debe poner saber ellos algo de lo que sabe Dios.

Porque sólo Él sabe las cosas que están por venir y esto también saben estos animalejos en las cosas que pertenecen a su conservación. Porque conocen cuándo ha de haber lluvias y tempestades antes que vengan, y en estos tiempos no van lejos a pacer, sino andan con su zumbido al derredor de la colmena. Lo cual visto por los que tienen cargo de ellas, suelen dar aviso a los labradores de la mudanza del tiempo, para que conforme a ella se reparen y provean.

En lo cual ya vemos cuán inferior queda el saber de los hombres. Pues, luego ¿quién tendrá por cosa increíble imitar las abejas lo que hacen los hombres, pues hay cosas en que pasan adelante, sabiendo lo futuro, que es propio de Dios?

19. *Cuán maravillosa sea la producción de la miel.*

Mas lo que me hace en esta materia quedar atonito es el fruto de la miel, a quien todas estas habilidades susodichas se ordenan. Porque vemos cuántas diligencias e instrumentos se requieren para hacer una conserva de cidras o de limones o cualquier otra. Porque para esto es menester fuego, y un cocimiento, y otro cocimiento, y vasos e instrumentos que para esto sirven, y oficiales diestros en este oficio.

Pregunto, pues, ahora: ¿qué instrumentos tiene este animalillo tan pequeño, sino pecillos tan delgados como hilos y un aguijoncillo tan delgado como ellos? Pues ¿cómo con tan flacos instrumentos y sin más conocimientos ni fuego hacen esta tan dulce conserva y esta transformación de flores en un tan suave licor de miel, a veces amarillo como cera, a veces blanco como la nieve, y esto no en pequeña cantidad, cual se podía esperar de un animalillo tan pequeño, sino en tanta cantidad cuanta se saca en buen tiempo de una colmena?

¿Quién enseñó a este animal hacer esta alquimia, que es convertir una substancia en otra tan diferente? Júntense cuantos conserveros hay, con toda su arte y herramienta y con todos sus conocimientos, y conviértanme las flores en miel. No sólo no ha llegado aquí el ingenio humano, mas ni aún ha podido alcanzar cómo se haga esta tan extraña mudanza. Y quieren los hombres, locos, escudriñar los misterios del cielo, no llegando todo el caudal de su ingenio a entender lo que cada día ven a la puerta de su casa.

Ni tampoco carece de admiración ver cómo de aquella carga que traen en pies y manos, una parte gastan en hacer cera y otra miel. ¿Cómo hacen cosas tan diferentes de una misma materia, como son miel y cera? Y si hay en ella partes diferentes ¿quién les enseñó esta diferencia tan secreta que nosotros no vemos? ¿Quién les mostró lo más sutil para la miel y más grueso para la cera? ¿Qué no podrá hacer quien esto supo hacer? Verdaderamente admirable es aquel soberano Hacedor en todas sus obras, y no menos en las pequeñas que en las muy grandes.

Pues ¿qué resta aquí sino dar gracias al Creador, que de todas estas tan extrañas habilidades proveyó a estos animalicos, no tanto para ellos como para nosotros, que gozamos del fruto de sus trabajos? Mas los hombres son de tal cualidad, que gozan de este fruto, mas ni dan gracias por él ni en él contemplan la grandeza del poder y sabiduría del Creador, que en tan pequeña cabeza puso tan grande arte y saber.

Lo cual no calló el Eclesiástico cuando dijo que con ser tan pequeña la abeja entre otras cosas que vuelan, el fruto de sus trabajos es principio de toda dulzura. Y por eso dije al principio que, andando los hombres entre tantas maravillas de Dios, ni tenemos ojos para verlas, ni oídos para oír lo que callando nos predican, ni corazones para levantar nuestro espíritu al conocimiento del Hacedor por el artificio admirable del Creador.

20. De los gusanos que hilan la seda.

Son tan admirables las obras de aquel soberano artífice, que parece competir las unas con las otras sobre cuál de ella será más admirable, porque todas ellas, cada cual en su manera, lo son, y en esta cuenta entra el gusano que hila la seda. Del fruto de él ya dijimos cómo toda la lozanía del mundo y todo el ornamento de las iglesias es obra de este animalillo; mas del artificio con que la hila escribió en verso dos libros Jerónimo Vida, poeta elegantísimo. La suma de lo que él allí dice referiré aquí.

Estos gusanos se engendran de unos ovecicos muy pequeños que la hembra de ellos pone. Los cuales, puestos al sol o metidos en los pechos, con cualquiera de estos calores, en menos espacio que tres días, se animan y reciben vida con todos los sentidos que para ella se requieren. Lo cual alega San Basilio en su *Hexamerón* para hacernos creíble por este ejemplo el misterio de la resurrección general. Porque quien puede dar vida a una semilla tan pequeña en tan breve espacio, también podrá dar a los polvos y huesos de nuestros cuerpos, dondequiera que estuvieren.

Nacidos estos animalillos, luego comienzan a comer con grande hambre, y comiendo crecen y se hacen mayores. Y habiendo ya comido algunos días, duermen, y después de haber dormido su sueño, en el cual se digiere y convierte en su substancia aquel mantenimiento, despiertan y vuelven a comer con la misma hambre y agonía. Y el ruido que hacen cuando comen, tronchando la yerba con sus dientecillos, es tal, que se parece con el ruido que hace el agua cuando llueve encima de los tejados. Esto hacen tres veces, porque tantas comen y tantas duermen, hasta hacerse grandes.

Hechos ya tales, dejan de comer, y comienzan a trabajar y a pagar a su huésped el escote de la comida. Y para esto levantan los cuellos, buscando algunas ramas donde puedan prender los hilos de una parte a otra, los cuales sacan de su misma substancia. Y ocupada la rama con esta hilaza, comienzan luego a hacer en medio de ella su casa, que es un capullo. Porque juntando unos hilos con otros, y otros sobre otros, y éstos muy pegados entre sí, vienen a hacer una pared tan fija y firme como si fuese de pergamino. Y así como los hombres después de fabricadas las paredes de una casa las encalan, para que estén listas y hermosas, así ellos, fabricada esta morada, la bruñen toda por dentro con el hociquillo que tienen sobre la boca muy liso y muy acomodado para este efecto, con lo cual queda el capullo tan terso, que echándolo en agua anda nadando encima, sin ser de ella penetrado.

Y esto es una singular providencia del Creador, porque, a no ser así, todo este trabajo fuera sin fruto. Porque de esta manera, estando el capullo entero y terso, echándolo en agua caliente, se puede muy bien recoger el hilo, despidiéndose y despegándose con el calor un hilo de otro. Lo cual no se pudiera hacer si el capullo se penetrara del agua y se esponjara con ella. Con esta agua hirviendo muere el oficial que fabricó aquella casa, y éste es el pago que se le da por su trabajo.

Mas a los gusanos que quieren guardar para casta no hacen este agravio. Mas ellos, no sufriendo tan estrecho encerramiento, abren con sus boquillas un portillo por donde se salen, y salen ya medrados y acrecentados, porque salen con unos cuernecillos y alas, hechos ya, de gusanos, aves. Hay entre ellos machos y hembras, y con ser todos tan semejantes entre sí, conocen los machos a las hembras, y júntanse por las colillas con ellas, y perseveran en esta junta por espacio de cuatro días. En lo cual parece tener en cuerpos tan pequeños sus sexos distintos, como machos y hembras. Acabados estos días, el macho muere, y la hembra pare aquellos ovecicos que al principio dijimos, y esto hecho, ella también muere, dejando aquella semilla con que después torne a renovar y resucitar su linaje.

En lo cual se ve cómo para solo este fin crió la divina Providencia este animalico, pues, acabado este oficio, sin que los mate nadie, ellos a la hora mueren, testificando con su natural y acelerada muerte que para sólo este oficio fueron creados: el cual acabado, acaba juntamente con él la vida.

En esta obra se ve claro cómo todas las cosas creó aquel soberano Señor para el hombre, pues estos animales tan provechosos para nuestro servicio no nacieron ni vivieron para sí, sino para el hombre, pues, acabado este servicio, acabaron juntamente con él la vida. Donde parece que con su acabamiento están diciendo al hombre: Yo no nací ni viví para mí, sino para tí, y por eso, fenecido este servicio, me despido de tí.

Y esto aún se ve más claro, porque aquella casa que estos animalicos con tanto trabajo fabricaron, no sirve para su habitación, sino para el hombre, pues acabándola de hacer, luego la aportillan y la desamparan, sin usar más de ella, como edificio que no fabricaron para sí, sino para nosotros.

En lo cual se ven las riquezas y el regalo de la divina Providencia, la cual, no contenta con haber proveído para nuestro vestido la lana de las ovejas y los cueros de los animales, con otras cosas tales, quiso también proveer esta tan preciosa y tan delicada ropa para quien de ella tuviese necesidad.

Y es aquí mucho para considerar que, siendo los hilos de este capullo más delgados que los cabellos y hechos de una materia tan delicada y flaca como es el humor y babas de estos gusanos, vienen a ser tan recios que se pueden fácilmente recoger, y devanar, y tejer, y pasar por mil martirios antes que se haga la seda de ellos, para que se vea cuán admirable y cuán proveído sea aquel celestial Maestro en todas su obras. Y no menos declara Él aquí la grandeza de su poder, pues dio habilidad a un gusanillo que en dos días nace, y dos meses vive, para hacer una obra tan preciosa y tan delicada, que todos los ingenios humanos no acertaran a hacerla.

B.— DE LAS HABILIDADES QUE LOS ANIMALES TIENEN PARA MANTENERSE

La primera consideración que tocamos de los animales, son las habilidades que el Criador les dio para mantenerse, pues ninguna cosa tiene vida, que no tenga su propio mantenimiento con que la sustente, el cual oficio dura cuanto dura esa vida.

1. *La oveja y el cordero.*

Comencemos pues por la oveja y por el cordero su hijo (con quien tuvo por bien el Salvador de ser comparado) y con éstos ayuntemos todos los animales que pacen hierba. Pues todos éstos en una dehesa, donde nacen mil diferencias de hierbas, de ellas saludables, y de ellas ponzoñosas, y todas de un mismo color, conocen por natural instinto las unas de las otras, y pacen las buenas, y no tocan en las malas, aunque padezcan grande habre, como ya dijimos. Lo cual excede la facultad del entendimiento humano, que esto no alcanza, mas no el divino que los gobierna.

Y así escribe Sulpicio Severo en su Diálogo de un santo ermitaño que se mantenía de las hierbas del campo, el cual como carecía de este conocimiento, padecía grandes dolores del estómago por las malas hierbas que comía, tanto que a las veces dejaba de comer por no padecer tales dolores. Y como él pidiese remedio al Señor (por cuyo amor aquello padecía) envióle un ciervo con un manojo de hierbas en la boca, el cual, echándolas en el suelo, apartó las malas de las buenas, y de esta manera quedó enseñado el Santo por el animal bruto, lo que él por sí no pudiera saber.

Tiene también otra discreción la oveja con toda su simplicidad, que a boca del invierno se dan gran prisa a comer con una hambre insaciable, aprovechándose de la ocasión del tiempo por no hallarse después flaca y descarnada en tiempo del frío y de menos pasto. ¡Oh si los hombres con toda su discreción hiciesen lo que este animal sin ella hace, que es aprovecharse de la ocasión y aparejo que en este vida tienen para hacer buenas obras, por no hallarse desnudos y pobres de merecimientos en la otra, porque de esta manera no les acaecería lo que dice Salomón (Prov. 20): Por amor del frío no quiso arar el perezoso, y por tanto andará mendigando en el tiempo del estío, y no habrá quien le dé!

El cordero también, con ser animal no menos simple que su madre, cuando entre toda la manada la pierde de vista, anda por toda ella balando, y ella con amor de madre le corresponde al mismo tono para que sepa dónde está, y él entre mil balidos de ovejas semejantes reconoce el propio de su madre, y pasando por muchas otras madres, déjalas a todas, porque a sola su madre quiere, y de sola su leche se quiere mantener. Y la madre otrosí entre muchos millares de balidos y de corderos de un mismo tono de un mismo color a solo su hijo reconoce. El pastor muchas veces hierra en este conocimiento, mas el cordero y la madre nunca hierran.

2. *Los rumiantes.*

Hay también otra maravillosa providencia en la fábrica así de este animal como de todos los otros que rumian, como son bueyes, y cabras, y camellos, y otros tales. La cual es, que además del buche, donde el pasto se digiere (que corresponde a nuestro estómago) tienen otro seno, donde se recibe el pasto de primera instancia antes que vaya al estómago, donde se ha de digerir, y de este primer seno sacan el manjar que han comido, y de noche o de día, cuando reposan, lo llevan a la boca y lo están despacio rumiando, preparándolo de esta manera para enviarlo al buche, donde se ha de cocer y digerir. Esto fue obra de la divina Providencia, porque viendo que los días del invierno son pequeños y las noches grandes, si estos animales juntamente paciesen y rumiasen, sería poco el pasto de que gozarían. Pues por esto pacen de día y rumian de noche, y de esta manera no menos les sirve la noche para su mantenimiento cuando rumian, que el día cuando pacen.

3. *Las aves caseras.*

Vengamos a las aves caseras, que son más conocidas. El gallo anda siempre buscando algún grano para comer, y cuando lo halla, llama con cierto reclamo a sus gallinas, y como buen casado, quita el manjar de sí, y pártelo con ellas. Lo cual no hace el capón, que guarda continencia, y por eso andando el gallo flaco, él está gordo y bien tratado, porque no tiene más cuenta que consigo solo, enseñándonos con esto la diferencia que el Apóstol pone entre los casados y los continentes (I Cor. 7). Porque los buenos casados parten los trabajos y el tiempo entre Dios y el cuidado de sus mujeres, mas los buenos continentes, libres de estas cargas y obligaciones, del todo se entregarán a Dios, y por eso están más aprovechados y medrados en la vida espiritual.

También la gallina que cría sus pollos, siempre anda con los pies escarbando en los muladares, y hallando algo, llama a gran prisa los hijuelos, y como buena madre ayuna ella por dar de comer a ellos. Y lo que más es, una manera de reclamo tiene cuando los llama a comer, y otra cuando los llama para que se metan debajo de sus alas, otra cuando los avisa que huyan y se escondan del milano, cuando lo ve venir. Y ellos recién nacidos, sin doctrina y sin maestro entienden perfectamente todos estos lenguajes (que nosotros no entenderíamos) y así obedecen a gran prisa a lo que por ellos se les manda. Y aún otra cosa noté, viendo echar de comer a una gallina con sus pollos, que si se llegaban los de otra madre a comer su ración, a picadas los echaba de allí, porque no le menoscabasen la comida de sus hijos. Pues ¿qué más hiciera esta ave, si tuviera razón? Porque parece que por la obra estaba diciendo: este manjar es de mis hijos, y cuanto mayor parte vosotros dél comiéredes, tanto menor les cabrá a ellos. Pues no tengo de consentir que hijos ajenos coman el manjar de los míos.

4. *El cangrejo.*

Pasemos a otra cosa menos conocida y más admirable, que cuantan Basilio y Ambrosio. El cangrejo es muy amigo de la carne de las ostras. Y para tener este manjar, ponse como espía secretamente en el lugar donde las hay, y al tiempo que ellas abren sus conchas para recibir los rayos del sol, el ladrón sale de la celada donde estaba, y ¿qué hace? Cosa cierto al parecer increíble. Porque entretanto que él corre, no cierre la ostra sus puertas y él quede burlado, arrójale antes que llegue una piedra, para que no pueda ella cerrar bien sus puertas, y entonces él con sus garras la abre y se apodera de ella. Pues ¿quién pudiera esperar de un tan pequeño animalejo tal industria? Y ¿quién se la pudiera dar, sino aquel Señor que da de comer a toda carne, y da habilidad y arte para buscarlo?

5. La zorra.

Pues ¿qué diré de las habilidades que para esto tiene la zorra? Aquí viene a propósito lo que dice Isaías (Isai. 33): ¡Ay de ti, que robas a otros! ¿Por ventura tú también no serás robado? El cangrejo hurta la carne de la ostra, y la raposa hurta la de ese cangrejo, y no con menor artificio. Testigo de esto es un monte que hay en Vizcaya, que entra un pedazo en la mar, en el cual hay muchas raposas. Y la causa de esto es la comodidad que ellas tienen allí para pescar. Mas ¿de qué manera pescan? Imitan a los pescadores de caña, y no les falta ingenio ni industria para ello. Porque meten casi todo el cuerpo en la lengua del agua, y extienden la cola, que les sirve allí de caña y de sedal para pescar. Y como los cangrejos que andan por allí nadando no entienden la celada, pícanle en ella: entonces ella sacúdela a gran prisa, y da con el cangrejo en tierra, y allí salta, y lo despedaza y come. Pues ¿quién pudiera descubrir esta nueva invención y arte de pescar? Mas no es ésta sola su habilidad, porque también sabe proveerse de mantenimiento para otro día. Porque después de haber saltado en algún corral de gallinas, y muerto cuantas halla, y bebido la sangre de ellas, hace un hoyo, y entiérralas allí para tener provisión para otro día. Esto es muy notorio, mas no es lo que diré (aunque no venga tan a propósito) ya que hice mención de este animal, el cual, aunque malo y dañoso, todavía descubre con sus astucias mucho a la divina Providencia, la cual parece que nos quiso representar en él lo que él dice en el Evangelio (Luc. 16), que los hijos de este siglo son más prudentes en sus tratos y negocios que los hijos de la luz. Tiene pues artificio este animal para despedir de sí las pulgas, cuando le molestan. Mas ¿de qué manera? Toma en la boca un ramillo, y metiéndose en el agua de algún río o de la ribera de la mar, y tirándose del agua poco a poco hacia atrás, las pulgas huyendo de la parte del cuerpo que se está mojando, a la que está enjuta, proceden de esta manera, metiéndose ella poco a poco en el agua hasta llegar a ponérsele todas en la cabeza, la cual ella también de tal modo zambulle en el agua, que no le queda más que los ojos y la boca fuera. Entonces saltando ellas en el ramillo que dijimos tener en la boca, suelta el ramo, y salta fuera del agua, libre ya de los enemigos que la fatigaban. Este artificio tan exquisito, ¿quién lo pudo enseñar a un animal bruto sino el Criador? Pues, Señor, ¿qué se os da a vos que las pulgas sean molestas a una zorra, pues ella es a nosotros tan molesta? Sí da mucho (dirá él) porque aunque se me da poco por ese animalejo, va mucho en que los hombres por este y por otros ejemplos entiendan cuán perfecta y cuán universal es mi providencia, pues no hay cosa tan pequeña a que no se extienda y a que no provea de remedio, aunque sea tan pequeña como esa. De este instrumento con que la zorra pesca, se sirve también el ratón en otra materia diferente. Porque mete el rabillo en el alcuza de aceite que halla, y después lame lo que con este artificio tan ingenioso pudo sacar de ella.

6. *El comportamiento de ciertas aves.*

Mas tornado a la materia de los alimentos, no es menos admirable la manera en que se mantiene una cierta ave, que monda los dientes del cocodrilo, entre los cuales se entremeten muchas briznas de la carne que ha comido, que le dan pena: y tal es la divina Providencia, que proveyó a este animal de un mondadientes, que es de una cierta avecilla, la cual abriendo él la boca, hace de un camino dos mandados, que es mondar a él los dientes, y mantenerse ella con lo que de ellos saca. ¿Hay más amorosa, más regalada y compendiosa providencia que ésta? ¡Oh admirable Dios en todas sus obras, el cual por tan extraño artificio provee a dos necesidades con una sola obra! Pues ¿qué diré de la manera que se mantienen unas aves que ven muchas veces los que navegan para la India Oriental, la cual es, que van siempre en seguimiento de otras, y recogen en el pico los excrementos de las que siguen, y con él se mantienen? ¿Quién pudiera creer esto, si no lo viera? El nombre de estas aves no pongo aquí, porque es conforme al manjar de que se mantienen.

7. *El pulpo.*

Pues ¿qué diremos de las astucias de que el pulpo usa para buscar de comer? En el cual parece quiso el Criador representarnos las artes de los hombres que llamamos de dos caras, doblados, fingidos y disimuladores, porque este pez viene a pegarse en alguna peña que está en el agua, tomando el color de ella, y encubriendo el suyo: entonces las sardinas y otros pececillos, como gente simple, engáñanse con aquel color mentiroso, y lléganse a él. Acude luego el traidor, y préndelas con aquellos sus ramales con que pesca. Y de aquí nació el proverbio de los latinos, los cuales dicen que los hombres falsos y engañadores tienen las condiciones de pulpos.

8. *La platalea.*

Otra astucia refiere Tulio de una ave (Lib. 2 de Natura Deorum), aunque está acompañada con fuerza y violencia. Porque dice él que hay una ave por nombre platalea, la cual busca su manjar persiguiendo las aves que se zambullen en la mar, y cuando ellas salen llevando algún pez en la boca, las muerde en la cabeza tan reciamente que les hace soltar lo que llevan, con lo cual esta ave se mantiene. Y de la misma ave escribe él que hinche el buche de algunas conchas de la mar, y habiéndolas recocido en el buche, las viene a vomitar, y escoge de ellas lo que es de comer.

9. *Las ranas marinas.*

Mas otra cosa más artificiosa refiere el mismo de las ranas marinas, las cuales se cubren con arena y muévense junto al agua: y como los pececillos acometen a querer cebarse de ellas, descúbrense luego, y préndenlos, y de esta manera pescan y se mantienen. Lo cual todo nos declara la grandeza de aquella infinita Sabiduría que tantos modos supo y pudo inventar para mantener los animales que él crió.

10. *El jilguero.*

Común cosa y sabida es la que hace un jilguerito, el cual estando preso sobre una tabla, y teniendo colgados de ella dos cubos pequeñitos, uno con agua, y otro con el grano que ha de comer, cuando tiene hambre sube con el piquillo el que tiene la comida, y cuando quiere beber, levanta de la misma manera el que tiene el agua. Mas otra cosa vi yo más artificiosa que ésta, porque el cubo del agua está vacío, mas en lo bajo está una arquilla llena de agua, y cuando él quiere beber, mete el cubillo en esta arquilla, y tantas vueltas le da con el pico, que finalmente coge agua, y entonces la sube a lo alto y bebe. Pues ¿quién no se maravillará? ¿Quién no dará gracias al Criador, viendo en un tan pequeño cuerpecito una tal industria, que el Criador y la necesidad, maestra de todas las cosas, enseña?

11. *El erizo.*

También el erizo con toda su pesadumbre sabe su artificio para abastecerse de mantenimiento. Porque hallando al pie de un manzano las manzanas caídas, se revuelve en ellas, prendiéndolas con sus espinas, y así las lleva consigo, y de ellas hace depósito para mantenerse. Y si alguno le quiere empecer, enciérrase dentro de sus puyas, y así se guarece con ellas del enemigo.

12. *El pez tremelga.*

Más admirable es la facultad y artificio que tiene un pez que se llama tremelga, el cual sabe defenderse y también mantenerse con dos propiedades extrañas que el autor de la naturaleza le dio. La una es que metiéndose debajo del cieno, hace adormecer los pececillos que se llegan a él (que es lo que se suele decir de los brujos) entonces este brujo marino sale debajo del cieno, y apodérase y mantiénese de ellos. La otra habilidad no es menos extraña, porque siendo tocado con el anzuelo del pescador, tiene tanta virtud que por el sedal y por la caña sube hasta el brazo del pescador, y lo entorpece de tal manera que él suelta la caña, y el pez se va libre: en tanta variedad de cosas quiso el Criador mostrar su providencia.

13. *El tigre.*

No solamente los animales flacos, mas también los fuertes se ayudan de sus industrias y artificios para buscar de comer. Del tigre (a quien ni faltan fuerzas, ni armas, ni ligereza) refiere Eliano que se va al lugar donde hay abundancia de monas (de cuya carne es él amigo) y tiéndese en el suelo debajo de un árbol a donde ellas suelen acudir, y pónese allí en figura de muerto, sin bullir consigo, ni parecer que respira. Ellas estando en lo alto del árbol, recelándose de él, envían delante una espía para que acercándose algún tanto a él, vean si está vivo o muerto, mas con tal tiento, que no se fían de él. Después vuelve la espía segunda y tercera vez, acercándose algún tanto más, hasta que del todo se persuade que está muerto. Y dando recaudo a las otras, descienden ellas sobre seguro, y saltan sobre él, triunfando alegremente de su enemigo. Entonces el muerto, viéndose cercado de la caza que esperaba, a gran prisa resucita, y con dientes y uñas despedaza cuantas puede, y convierte sus fiestas en llanto, pagando ellas su loco atrevimiento.

14. *Los gatos.*

Deste mismo artificio usan algunos gatos, grandes cazadores, porque en una huerta que yo vi, se extendía uno de éstos entre los árboles y las legumbres, y se estiraba y tendía de tal manera que parecía muerto, y allí perseveraba sin bullirse, esperando su ventura. Engañándose pues con esta figura las simples avecillas, llegábanse cerca de él sobre seguro, y entonces el ladrón, de un salto las apañaba y se las comía.

Y pues hice mención del gato, también diré de él lo que cada día vemos, mas no todos notamos en esto el cuidado de la divina Providencia, que en infinitas maneras se nos descubre. Crió ella este animal para que defendiese nuestras casas y despensas de los daños y molestias de los ratones. Y todos vemos las industrias e instrumentos de uñas y ligereza que para esto tienen, y sobre esto (como ya dijimos) ven de noche, que es el tiempo de su caza. Y porque siendo este animal necesario para lo dicho, fuera inconveniente oler mal la casa con la purgación de su vientre, él busca para esto sus rincones más apartados, y (lo que ninguno de cuantos animales hay, hace) con las uñas cava en la tierra, y cubre lo que purgó. Y para ver si está bien cubierto, aplica el sentido del oler, y si halla que todavía huele mal, torna otra vez a escarbar y cubrirlo mejor. De modo que lo que Dios mandaba a los hijos de Israel que hiciesen, cuando habitaban en el desierto, con una paletilla que traían consigo, hace este animal, sin tener esa ley ni ejemplo de otro alguno que tal haga. Esto vemos cada día, y no vemos el regalo de la divina Providencia para con el hombre, dando orden cómo tenga limpia su casa y libre de mal olor. Porque ya que le hacía este beneficio en darle este cazador que le limpiase la posada, no se le diese por otra parte con este atributo de ensuciársela.

Pues las astucias y asechanzas que el gato tiene para cazar y para hurtar, cada día las vemos. Bien sabe él a veces quitar la cobertera de la olla que está recién puesta al fuego, y meter las garras, y sacar la carne, y huir con ella. Mas yo soy testigo de otra astucia que aquí diré. Andaba por encima del lomo de una pared en pos de una lagartija, la cual, huyendo de él, se metió debajo de una teja que acaso estaba allí boca abajo. ¿Qué hizo entonces él? Hizo esta cuenta: si meto por aquí la mano, hame de huir por la otra boca de la teja. Pues yo acudiré a eso. Mas ¿de qué manera? Puso la mano a la boca de la teja más estrecha, y por la más ancha metió la otra, y de esta manera, como por entre puertas, alcanzó la caza que buscaba. Pues ¿qué más hiciera, si tuviera razón.

15. *Los lobos.*

Extrañas son también las artes que tienen para mantenerse los lobos. Mas una sola contaré, que escribe Eliano, la cual en parte responde a una cuestión que se suele poner, que es, cómo hay tan pocos lobos pariendo la hembra muchos lobillos, habiendo por otra parte tantos carneros y corderos, no pariendo la oveja más que uno, y matándose cada día tantos para nuestro mantenimiento. Dice pues este autor que cuando no tienen que comer los lobos, se juntan una cuadrilla de muchos de ellos, y andan corriendo alrededor como en corro unos en pos de otros, y el primero que desvanecida la cabeza cae, viene a ser manjar de todos los otros. Y ésta es una de las causas de haber menos lobos, por comerse los unos a los otros. Donde se debe mucho notar el estilo de la divina Providencia, la cual impide por sus vías y caminos la multiplicación de los animales que nos habían de ser perjudiciales y nocivos.

16. *El parto del alacrán.*

Como se ve en el parto del alacrán, porque la hembra pone once huevos, de los cuales se come los diez, y deja uno solo, el cual, después de nacido, parece que no tiene tanta cuenta con el beneficio de la madre como con la muerte de sus hermanos, y así toma venganza de ella matándola y comiéndosela.

17. *La culebra y la víbora.*

Ni es menos ilustre testimonio de la divina Providencia lo que se cuenta de una ponzoñosísima culebra que se halla en el Brasil, que infaliblemente mata a quien muerde, si luego no se corta el miembro donde mordió. Lo cual ordenó así el Criador para que por el remedio de este peligro nos declarase este cuidado de su providencia, la cual señaladamente se conoce con los remedios que provee para nuestros males. Y el remedio de éste es haber criado esta mala bestia con una manera de campanilla en la cabeza, para que el sonido de ella avise a los descuidados de este peligro. Pues ¿quién no reconoce aquí el cuidado de la divina Providencia así en el remedio de nuestros peligros como en la diversidad de los medios que inventa para esto? Y de la víbora dice S. Basilio que se rasga el vientre cuando pare. Y de la leona dice que con sus uñas rompe también su vientre al tiempo del parto. De esta manera el Criador por una parte conserva las especies de las cosas, y por otra da orden para que como se suele decir, de los enemigos los menos.

Mas dira alguno: ¿para qué crió él estas especies de animales enemigos de la naturaleza humana? Éste era el argumento de Epicuro, que negaba la Providencia (como refiere Tulio) diciendo: Si Dios crió todas las cosas por amor del hombre, ¿para qué crió las víboras? A esto se responde que en una perfecta república también hay horcas, y cárceles, y azotes, y verdugos para castigo de los malhechores, y no era razón que en la gran república de este mundo, en que preside Dios, faltasen verdugos y ejecutores de su justicia.

18. *Divinidad en el mantenimiento de los animales.*

Y volviendo al propósito del mantenimiento de los animales, vemos cuánta diversidad hay así en ellos como en las facultades que el Criador les dio para buscarlo. En lo cual maravillosamente resplandece la sabiduría de su providencia, porque si todos tuvieran un mismo manjar y una manera de habilidad para buscarlo, no pareciera esto cosa tan admirable. Pero siendo tantas las diferencias de manjares, y tantas y tan diversas las facultades e instrumentos de los miembros para buscarlos, es cosa que a cada paso está gritando y predicando el cuidado y la sabiduría de esta suma Providencia, y provocándonos a la admiración y reverencia de ella. Vemos pues que entre los animales unos buscan su manjar en la tierra, otros en el agua, y otros en el aire: y de éstos unos se mantienen de sangre, otros de yerba, otros de grano y otros de otras cosas sin cuento. Pues a todos ellos formó el Criador con tales cuerpos y miembros, que les sirviesen para buscar su manjar. Porque al león y al tigre y a otros semejantes crió con dientes y uñas muy fuertes, y con ligereza para seguir la caza, y con ánimo esforzado y generoso para no temer los peligros ni las fuerzas ajenas, como lo tiene el león, de quien dice Salomón (Prov. 30). El león, que es el más fuerte de las bestias, no teme el encuentro de nadie. Pues éste con sus cachorros sale de noche, como dice el salmo (psalm. 103), bramando para robar, y pedir a Dios que le dé de comer. Y conforme a esta generosidad tiene esta propiedad, que como gran señor no come de la caza que el día antes le sobró. De quien escribe Eliano (Alian. lib. 2) que después que por la edad está flaco y pesado, y así inhábil para cazar, sale con sus cachorros, y espéralos en cierto puesto, y ellos traen al padre viejo la caza que hallaron, el cual los abraza cuando vienen, y les lame la cara en señal de agradecimiento y amor. Y después de este amoroso recibimiento siéntanse todos a comer de la caza. Pues ¿qué más hicieran, si tuvieran razón como los hombres? Y aun en esta piedad los sobrepujan, pues muchos hijos vemos muy escasos e inhumanos para con sus padres pobres y viejos. Lo cual no cabe aun entre los animales fieros.

19. *Habilidades de las aves de rapiña.*

Resplandece también el artificio de la divina Providencia en las habilidades e instrumentos que dio a las aves de rapiña para cazar y buscar con esto su mantenimiento. En las cuales es muy artificioso el pico, y muy diferente del de las otras aves mansas. Porque la parte superior de él es aguda y corva para hincar en la carne y sacar pedazos de ella, y la inferior es como una navaja, y viene a encontrarse y encajarse en la más alta, y así corta y troncha lo que el pico de la parte superior levanta. Pues ¿quién podrá imaginar que una cosa tan proporcionada y tan acomodada para este oficio se hizo al acaso, y no con grande artificio? Lo cual aún parece más claro con la correspondencia de todas las otras facultades e instrumentos que para esto sirven, como son las uñas tan agudas y recias para prender la caza, y también para retenerla, cerrándose las uñas delanteras con la trasera para tenerla tan apretada que no se les pueda ir. Tienen otrosí gran calor en el estómago, para que el hambre las haga más codiciosas y ligeras para la caza. Tienen también un corazón animoso y confiado, pues el halcón zahareño en muy pocos días se hace tan doméstico y tan fiel, que lo enviáis a las nubes en pos de una garza, y le llamáis y mandáis que os venga a la mano, y así lo hace. Porque como el Criador formó estas aves no sólo para que ellas se mantuviesen, sino también para que ayudasen a mantener y recrear al hombre (como lo hacen los azores) tales armas y tal ánimo y tal confianza les había de dar. Y porque no dio ésta al milano, aunque no le falten armas y alas, abátese a los flacos pollicos, porque no tiene corazón para más, representando en esto la bajeza de los hombres villanos y pusilánimes, los cuales siendo tan cobardes para con los que algo pueden, son cruelísimos para los que nada pueden, agraviando a los pobres y manteniéndose de su sudor.

20. *Las cigüeñas.*

En las cigüeñas nos representó el Criador una perfectísima imagen de piedad de padres para con sus hijos, y de hijos para con sus padres. Porque los padres, además de tener sus hijos en el nido (como hacen las otras aves) usan de esta piedad con ellos, que cuando arde el sol de manera que podría ser dañoso a los hijuelos ternecicos, extienden ellos sus alas, en las cuales reciben los rayos del sol, y hácenles con esto sombra, siendo para sí crueles, por ser para los hijos piadosos. En lo cual nos representan aquellas piadosas entrañas y amor del Padre Eterno para con sus espirituales hijos, a quien el Psalmista atribuye esta misma piedad, diciendo (Psalm. 90) que con sus espaldas les hará sombra, y recogerá y guardará debajo de sus alas. Y no menos representan la grandeza de la caridad del Hijo de Dios, el cual recibió en sus sacratísimas espaldas los azotes que nuestras culpas merecían, pagando (como él dijo) lo que no debía. Pues esta caridad que tienen las cigüeñas para con sus hijos cuando son chiquitos, tienen los hijos para con sus padres cuando son viejos e inhábiles para buscar de comer. Porque pagan en la misma moneda el beneficio que recibieron, manteniendo sus viejos padres en el nido con todo cuidado. Y cuando es necesario mudarse para otra parte, los buenos y agradecidos hijos, extendiendo sus alas, toman a los viejos encima, y múdanlos para el lugar donde han de morar. En lo cual también nos representan la caridad y misericordia de aquel soberano Padre para con sus hijos, de quien el Profeta dice (Deut. 32) que así como águila extendió sus alas, y los trajo sobre sus hombros.

21. *La gallina.*

A las aves que se mantienen de grano o de yerba, como la gallina y otras tales, dióles los picos agudos, que les sirven no sólo de comer con ellos, sino también de armas cuando pelean unas con otras, y los pies con dedos y uñas para escarbar con ellos, y desenterrar el grano debajo de la tierra.

22. Cisnes, ánades y patos.

Mas por el contrario, a las que buscan su manjar en el agua, como los cisnes y ánades y patos, dióles los pies extendidos como una pala de remo, con que maravillosamente reman y nadan, estribándose con las plantas en el agua, y pasando con el cuerpo adelante. De donde el arte, imitadora de la naturaleza, aprendió a remar. Porque primero fueron estos remos naturales que los artificiales. Formó también el pico de otra manera, no agudo, sino llano como una pala, y con unos dentezuelos como de sierra, para que los peces, que son lisos y delezables, se entretuviesen y prendiesen en ellos.

A las aves que tienen las piernas grandes, diéronseles también los cuellos grandes, para que fácilmente alcanzen el manjar de la tierra.

23. El camello.

Y los mismo se hizo con los animales que son altos de agujas (como son los camellos) a los cuales se dio el pescuezo grande para que pudiesen fácilmente buscar su pasto en la tierra. Y otra cosa noté en ellos, en teniendo los hombres y todos los brutos dos junturas principales en las piernas, una en las rodillas y otra en el cuadril del muslo, estos animales, por ser muy altos, tienen tres, repartidas de tal manera que parecen sus piernas como hechas de gonces: así las doblan y encogen para bajarse a recibir la carga, o para tenderse en la tierra, cuando quieren dormir.

24. El elefante.

Mas porque al elefante, que es mucho más alto, no convenía darle pescuezo tan grande con que pudiese llegar a pacer, diósele en lugar de él aquella trompa de carne ternillosa, de la cual se sirve como de una mano no sólo para comer sino también para beber, porque es ella hueca por dentro, y por ella agota un pilar de agua, y a veces para donaire podía con ella a los circunstantes.

De la fábrica de las piernas de este animal se maravilla S. Basilio, considerando cuán acomodadas son para sostener el peso de aquel tan grande cuerpo. Porque son como unas fuertes columnas, proporcionadas para sostener aquella tan grande carga, y en lo bajo de los pies no tiene conyunturas y repartimiento de huesos, para mayor firmeza. De aquí es que los vemos en las batallas llevar sobre sí castillos de madera (que parecen torres animadas o montes hechos de carne) y arremeter con toda esta carga con tan grande ímpetu en las haces enemigas, y pelear animosamente por los suyos. Y es cosa de admiración ver que con ser este animal tan grande y tan poderoso, viene a estar sometido y ser obediente al hombre, de modo que si lo enseñamos, aprende, y si lo castigamos, sufre. En lo cual se ve haberlo Dios criado para servicio del hombre, por haber criado al hombre a imagen de Dios.

Tiene también una natural vergüenza, por la cual usa de la hembra en lugar escondido, y si acaso alguno por allí pasa, recibe tan grande enojo, que lo hace pedazos. Y con todo esto tiene otros nobles respetos. Cuentan los que vienen de la India Oriental una cosa notable de este animal. Cuando él anda en celos, está bravísimo. Yendo pues por una calle con este furor, se encontró con un niño de teta, el cual tomó con la trompa, y tornólo a poner en el mismo lugar donde estaba: tan grande es el sentido que puso el Criador en este animal, porque así estaba más hábil para el servicio del hombre. Otras cosas extrañas se cuentan de él, de que están llenos los libros de diversos autores, donde las podrán ver los que quisieren, porque para mi propósito lo dicho basta.

25. *El águila.*

Al águila también, porque su naturaleza es volar en altanería, como reina de las aves, que habita en lo más alto, proveyó el Criador de una singular vista, para que de allí vea la caza de que se ha de mantener. Y así dice de ella el mismo Criador al santo Job (Job. 29) que mora entre los peñascos y en los altos riscos, donde nadie puede llegar, y desde ahí ve la caza que está en lo bajo. Ni le falta industria juntamente con la fuerza para la caza, porque si acierta a tomar una tortuga o galápago, súbelo muy alto en las uñas, y déjalo caer sobre alguna piedra para que allí se le quiebren las conchas, y ella pueda despedazarlo a su salvo. Y aun se escribe que por esta ocasión murió el insigne poeta Esquiles, porque siendo él calvo, y teniendo la cabeza descubierta, un águila, creyendo que era alguna piedra, dejo caer el galápago sobre ella, y de esta herida murió.

26. Las diferentes especies de perros.

Sirve también para el mantenimiento, no sólo de las aves de rapiña sino mucho más de los hombres, la caza. Por donde aquel santo Patriarca quería más a su hijo Esaú que a Jacob (Gen. 25), porque comía de la caza que él le traía. Y así, queriendo darle su bendición, le mandó que tomase su arco y su aljaba, y fuese a caza, y de lo que matase, le hiciese una comida al modo que el mozo sabía, para que acabando de comer le diese su bendición. Pues para esta caza sirven grandemente muchas diferencias de perros, que el Criador para esto crió, sin que los cazadores le den por eso muchas gracias. Mas así como hay muchas diferencias de cazar, así las hay también de perros. Porque hay lebreles de hermosos cuerpos y generosos corazones, que acometen a las fieras, hay galgos no menos hermosos y ligeros, que siguen las liebres, hay otros más viles, que toman conejos, hay mastines, que sirven para la guarda de los ganados, hay sabuesos, que con la viveza de su olor descubren las fieras, y las hollan después de heridas, hay perdigueros, que con el mismo olor hallan las perdices de tal manera que no les falta más que mostrarlas con la mano, hay perros de agua, que nadando entran por las lagunas a sacar el ave que heriste, y os la traen en la mano. Pues todas estas especies de animales formó el Criador con estas habilidades para ayuda del mantenimiento de los hombres, además de las aves de rapiña, que también le sirven para esto. Porque ya que crió la caza para mentenimiento del hombre, también había de proveer de instrumentos con que la pudiese cazar.

27. Fidelidad del perro.

Mas ya que la necesidad del mantenimiento nos obligó a tratar de los canes, añadiré aquí otra cosa, la cual servirá, no para todos, sino para solos aquéllos que anhelan a la perfección de la vida cristiana, la cual vi representada tan al propio en un lebrel, que no había más que saber ni que desear. Porque en él vi estas tres cosas que diré. La primera, que nunca jamás se apartaba de la compañía de su señor. La segunda, que cuando alguna vez el señor mandaba a alguno de sus criados que lo apartase de él, gruñía y aullaba, y si lo tomaban en brazos para apartarlo, perneaba con pies y manos, defendiéndose de quien esto hacía. La tercera cosa que vi fue, que caminando este señor por el mes de Agosto, andadas ya tres leguas antes de comer, iba el lebrel carleando de sed. Mandó entonces el señor a un mozo de espuelas que lo llevase por fuerza a una venta que estaba cerca, y le diese de beber. Yo estaba presente, y vi que a cada dos tragos de agua que bebía, volvía los ojos al camino para ver si el señor aparecía. De modo que aun bebiendo no estaba todo donde estaba, porque el corazón, y los ojos, y el deseo estaba con su amo. Mas en el punto que lo vio asomar, sin acabar de beber, y sin poder ser detenido un punto, salta y corre para acompañar a su señor. Mucho había que filosofar sobre esto. Porque el Criador no sólo formó los animales para servicio de nuestros cuerpos, sino también para maestros y ejemplos de nuestra vida, como es la castidad de la tórtola, la simplicidad de la paloma, la piedad de los hijos de la cigüeña para con sus padres viejos, y otras cosas tales. Mas volviendo a nuestro propósito, si el amador de la perfección tuviere para con su Criador estas tres cosas que este animal tan agradecido tenía para con el señor que le daba de comer por su mano, habrá llegado a la cumbre de la perfección.

Entre las cuales la primera es, que nunca se aparte de él, sino que todo el tiempo (cuanto humanamente le sea posible) ande siempre en la presencia de él, de modo que ni jamás lo pierda de vista, ni pierda la unión actual de su espíritu con él, haciendo a su modo en la tierra lo que hacen los ángeles en el cielo, que es, estar siempre actualmente amando, y reverenciando, y adorando, y alabando aquella soberana Majestad. Si esto hiciere, habrá llegado a la última perfección y felicidad de la vida cristiana. Esta perfección pedía S. Agustín a nuestro Señor en una de sus meditaciones por estas devotísimas palabras: En ti, Señor, piense yo siempre de día, en ti sueñe durmiendo de noche, a ti hable mi espíritu, y contigo platique siempre mi ánima. Dichosos aquéllos que ninguna otra cosa aman, ninguna otra quieren, y ninguna otra saben pensar, sino a ti. Dichosos aquéllos, cuya esperanza eres tú, y cuya vida es una perpetua oración. Ésta es, pues, la primera obra de perfección que nos enseña aquel animal, que nunca se apartaba de su señor.

La segunda es, que como este animal sentía tanto el apartamiento de él, así el amador de la perfección sienta mucho todo aquello que lo aparta de esta felicísima unión con Dios, como lo sentía el bienaventurado San Gregorio, Papa, el cual (viendo que las ocupaciones del oficio pastoral lo divertían algún tanto de esta actual unión con Dios) se lamenta y queja de sí mismo en el principio de sus Diálogos por estas palabras: La miserable de mi ánima, lastimada con la herida de las ocupaciones que consigo trae el oficio pastoral, acuérdase de aquella vida quieta de que gozaba en el monasterio, cómo estaba más alta que todas las cosas que ruedan con la fortuna, cómo no sabía pensar más que en las cosas del cielo, cómo deseaba la muerte, que a todos es penosa, por ir a gozar de la vida eterna. Veis pues aquí expresada la segunda cosa que este can nos representa, cuando aullaba y perneaba porque lo apartaban de su señor. Mas la tercera es la más ardua, y en que está toda la fuerza de este negocio: la cual es, que así como este can renunció al gusto que recibía en el beber, por no perder un punto de la compañía de su señor, así el perfecto siervo de Dios ha de cortar por todos los gustos, y afecciones, y cuidados, y codicias, y negocios, y ocupaciones demasiadas que le fueren impedimento de esta beatísima unión, si no fuere cuando la obediencia o la necesidad de la caridad le obligare a ello, y aun en este tiempo ha de trabajar todo lo posible por no apartar los ojos del ánima de la presencia de su Señor. Esta tercera cosa muestra David que hacía, cuando decía (Psalm. 76) que había renunciado su ánima a todas las consolaciones de la tierra, y ocupándose en pensar en Dios, con cuya memoria había recibido tan grande consolación, que su espíritu desfallecía con ella. Esto es propiamente morir al mundo para vivir a Dios, esto es dejarlo todo para hallarlo todo en solo él. Y si esto hacía este can por un pedazo de pan que recibía de la mano de su señor, ¿qué será razón hagas tú, hombre desconocido, por aquel

Señor que te crió a su imagen y semejanza, y te conserva con el beneficio de su providencia, y te redimió con su misma sangre, y te tiene aparejada su gloria, si no la perdieres por tu culpa?

28. *Perros falderos.*

Y ya que en este capítulo señalamos todas las especies de canes, no puedo dejar de maravillarme de la suavidad y regalo de la Providencia divina en haber criado otra especie muy diferente de canes, que son perricos de falda, los cuales nadie puede negar haber sido criados por la mano del Criador. Porque dado caso que un individuo se engendre de otro individuo, como un can de otro can, mas tal o tal especie de canes o de otros animales, sola la omnipotencia de Dios puede criar. Pues ¿qué mayor indicio de aquella inmensa bondad y suavidad que haber querido criar esta manera de regalo, de que se sirven las reinas y princesas y todas las nobles mujeres? Porque este animalico es tan pequeño, que para ninguna otra cosa sirve de las que aquí hemos referido, sino para sola ésta. De modo que así como él crió mil diferencias de hermosísimas flores y perlas y piedras preciosas (muchas de las cuales para ninguna cosa más sirven que para recrear la vista, y darnos noticia de la hermosura del Criador) así crió esta especie de animalillos para una honesta recreación de las mujeres. Porque como ellas hayan sido formadas para regalar y halagar los hijitos que crían, cuando éstos les faltan, emplean este natural afecto en halagar estos cachorrillos. Los cuales tienen tanta fe con sus señoras, que no se quisieran apartar de ellas, y sienten mucho cuando van fuera de casa, y alégranse y hácenles grande fiesta cuando vuelven, y búscanlas por todas la casa cuando desaparecen, y no descansan hasta hallarlas. Por lo cual me dijo una muy virtuosa y noble señora que una cachorrilla que tenía, la confundía, viendo que no buscaba ella con tanto cuidado a Dios como la cachorrilla a ella. Veía pues el Criador que el corazón humano no podía vivir sin alguna manera de recreación y deleite, y porque esta inclinación (que es muy poderosa) no lo llevase a deleites ponzoñosos, crió infinitas cosas para honesta recreación de los hombres, porque recreados y cebados con

ellas, despreciasen y aborreciesen todas la feas y deshonestas.
Y con esto daremos fin a este primer capítulo de los animales.
animales.

C.— DE LAS HABILIDADES QUE LOS ANIMALES TIENEN PARA CURARSE EN SUS ENFERMEDADES

Como los cuerpos de los animales sean compuestos de los cuatro elementos, y tengan en ellos cuatro cualidades contrarias, que son, frío y calor, humedad y sequedad; necesario es que sean mortales y sujetos a diversas enfermedades como los nuestros. Porque en destemplándose un poco la proporción que entre sí tienen estas cuatro cualidades (en la cual consiste la salud) luego se sigue la enfermedad. Los hombres para remedio de sus dolencias tienen razón, y con ella han descubierto con muchos trabajos y experiencias la ciencia de la medicina. Mas como esta razón falte a los brutos, suplió esta falta aquella perfectísima Providencia, la cual aunque resplandezca mucho en todas las cosas que hasta aquí hemos dicho, pero mucho más claramente se ve en ésta, pues saben los animales por especial instinto de Dios más de lo que los hombres han alcanzado con estudio y trabajo de muchos años, pues muchas enfermedades hay que los médicos no han hallado remedio, y ninguna padecen los animales para que no lo hallen, por ser guiados y enseñados por mejor maestro. Por lo cual no es de maravillar que ellos fuesen nuestros maestros en algunas medicinas que de ellos aprendimos. La virtud de la celidueña para curar los ojos nos enseña la golondrina, la cual, enseñada por su Criador, busca esta yerba para curar los ojos enfermos o ciegos de sus hijuelos, y la del hinojo, que sirve para lo mismo, aprendimos de las serpientes, que con ella curan los suyos. La medicina tan común de los clisteles nos mostró la ibis, ave semejante a la cigüeña, la cual sintiendo cargado el vientre, hinche el pico de agua salada, y ésta le sirve de clistel con que se purga. La sangría aprendimos del caballo marino, que en lengua griega se llama hipopótomo, el cual sintiéndose enfermo, vase a un cañaveral recién cortado, y con la punta más aguda que halla, sángrase (como refiere Plinio) en una vena de la pierna. Mas ¿qué remedio para no desangrarse del todo? Creo que todo nuestro ingenio no sabrá dar remedio a esto. Mas sábelo este animal, enseñado por aquella suma Providencia que en nada falta. Porque vase a revolcar en algún cenagal, y el cieno que en la herida se le pega, le sirve de venda para detener la sangre. Pues ¿qué otro maestro enseñó al puerco, estando enfermo, irse a la costa de la mar a buscar un cangrejo para curar su enfermedad? ¿Qué otro enseñó a la tortuga, cuando comió alguna víbora, buscar el orégano para despedir de sí la ponzoña? Y lo que es más admirable, ¿quién otro enseñó a las cabras monteses de Candia comer la yerba del dictamo, para despedir de sí la saeta del ballestero? Si fuera para curar la herida, no me maravillara tanto: Mas que haya yerba poderosa para despedir del cuerpo un palmo de saeta hincada en él, esto es obra del Criador, que quiso proveer de remedio a este animal tan acosado de los monteros.

Pues el perro (cuando está muy lleno de humor colérico) si no se cura, viene a rabiar: mas la divina Providencia, que de él y de nosotros tiene cuidado, le enseñó una yerba que nace en los vallados, la cual le sirve de muy fino ruibarbo, pues por ella despide por vómito cuanta cólera tenía. Y si recibe alguna herida, no tiene necesidad de más emplastro que de su lengua, porque si con ella alcanza a lamerla, no ha menester cirujano. La comadreja, herida en la pelea que tiene con los ratones, se cura con la ruda, los jabalíes con la yedra, el oso hallándose enfermo por haber comido una yerba ponzoñosa, que se llama mandrágora, se cura comiento hormigas. ¿Quién pudiera creer que un animal de tan grande cuerpo se pudiera curar con cosa tan pequeña como son las hormigas? Mas en todas las cosas, por pequeñas que sean, puso el Criador su virtud, el cual nada hizo de balde. Ni al dragón (con ser animal tan aborrecible y dañoso) dejó sin medicina, porque sintiéndose enfermo, en lugar de ruibarbo, se cura con el zumo de las lechugas silvestres. Y no es menos dañoso ni fiero el león pardo, el cual tiene por medicina el estiércol humano. Más limpia medicina es la de las perdices y grajas y palomas torcazas, que se curan comiendo las hojas de laurel. Todo lo susodicho es de Plinio, en el libro octavo.

De los perros dice Alberto Magno que cuando sienten en sí lombrices, se curan comiendo el trigo en berza. Y el mismo dice que la cigüeña, sintiéndose herida, se pone orégano en la llaga, y así sana. Por estos ejemplos entenderemos que el Criador ninguna enfermedad de animales dejó sin remedio, pues todas sus obras son acabadas y perfectas. Las comunes hierbas con que se curan los hombres, son agarico y ruibarbo: mas los animales para cada enfermedad tienen su propia hierba o medicina, porque esta variedad de remedios descubre más la sabiduría del Protomédico del mundo. Ni tampoco es cosa nueva, sino muy cotidiana, buscar los gatos otras yerbas con que se purgan y alivian, cuando se hallan cargados y dolientes.

El león por sus grandes fuerzas, y el delfín de la mar por su gran ligereza, se llaman reyes, aquél de los animales de la tierra, y éste de los peces del mar [1]. Y ambos ordenó la divina Providencia que tuviesen una misma medicina para curarse. Porque el león, cuando adolece, se cura comiendo la carne del simio de la tierra, y el delfín con otro linaje de simio que hay en la mar. La osa también, como refiere S. Ambrosio, cuando está herida, busca una yerba que en lengua griega se llama plomos, y con sólo tocar la herida con ella, sana. Ni tampoco había de faltar a la raposa medicina para curarse, pues tanto sabe en otras cosas, y ésta dice el mismo santo que es la goma del pino, con la cual cura su dolencia.

1. *La emigración de las aves.*

A este propósito de la medicina pertenece la mudanza de los lugares, que así las aves como los peces buscan para conservación de su salud. En un cierto paraje de Portugal vecino a la mar, que se llama Nuestra Señora do Cabo, se junta por el mes de Septiembre una gran muchedumbre de diversas avecillas, para pasar a África y tener allí el invierno más templado. Y por esta ocasión acuden allí los cazadores, y con poca industria toman gran número de ellas. Y es cosa para notar que como buenos y fieles compañeros se esperan unas a otras para hacer juntas aquella jornada. Y pasado el invierno, huyen de los calores de África y vuelven a los aires más templados de España.

2. *Emigración de los peces.*

Lo mismo hacen en su manera muchas diferencias de peces en la mar, mudando lugares, especialmente cuando van a desovar, porque para esto son necesarios mares y cielos y aires más benignos. Y para esto se juntan y concurren de diversas partes muchas diferencias de peces, y todos caminan juntos como un grande ejército, y van al mar Euxino, que está a la banda del norte, para pasar allí ellos con sus hijos el verano más templado. Sobre lo cual exclama S. Ambrosio, diciendo: ¿quién enseñó a los peces estos lugares y estos tiempos, y les dio estos mandamientos y leyes? ¿Quién les enseñó esta orden de caminar, y les señaló los tiempos y términos en que habían de volver? Los hombres tienen su emperador, cuyo mandamiento esperan, y él envía sus edictos y provisiones reales para que toda la gente de guerra se junte tal día en tal lugar, y con todo esto, muchos de los llamados faltan. Pues ¿qué emperador dio a los peces este mandamiento? ¿Qué maestro les enseñó esta disciplina? ¿Qué adalides tienen para andar este camino sin errar? Reconozco en esta obra quién sea el emperador, el cual por disposición divina notifica a los sentidos de todos estos animales este su mandamiento, y sin palabras enseña a los mudos la orden de esta disciplina, porque no sólo penetra y llega su providencia a las cosas grandes, sino también a las muy pequeñas. Hasta aquí Ambrosio.

3. *El erizo de mar.*

El mismo Santo refiere otra cosa memorable, con la cual se declara más esto que acabamos de decir, que es no haber cosa tan pequeña que esté privada de este beneficio de la divina Providencia. Dice pues él que el erizo de la mar, que es un pequeño pececillo, en tiempo de bonanza, por el instinto que le dio el Criador, conoce que ha de haber tormenta, y así se prepara para ella. Mas ¿de qué manera? ¡Oh maravillosa virtud del Criador! Lástrase en este tiempo, tomando una piedra en la boca para que no puedan tan fácilmente las ondas jugar con él de una parte a otra. Lo cual viendo los marineros, entendiendo por este pez lo que por sí no alcanzaban, se preparan ellos también, y aperciben las áncoras con todo lo demás para contrastar a la tormenta. Pues ¿qué matemático, qué astrólogo, qué caldeo puede así conocer el curso de las estrellas y los movimientos y señales del cielo como este pececillo? ¿Con qué agudeza de ingenio alcanzó esto, o de qué maestro lo aprendió? ¿Quién fue el intérprete de este agüero? Muchas veces los hombres por las mudanzas de los aires adivinan la de los tiempos, y muchas veces se engañan: mas este erizo nunca se engaña, ni son falsas las señales que lo mueven. Pues ¿por qué vía alcanzó este pez tanta sabiduría, que adivine las cosas venideras? Pues cuanto este animalito es más vil, tanto más nos declara que este conocimiento le fue dado por la divina Providencia. Porque si ella es la que viste con tanta hermosura las flores del campo, si ella dio aquella tan grande habilidad a las arañas para tejer su tela, ¿qué maravilla es haber dado a este pececillo conocimiento de lo que está por venir? Porque de ninguna cosa se olvida, ninguna hay que no provea. Todo lo ve aquél que todo lo provee. Todas las cosas hinche de su sabiduría el que todas las hizo con suma sabiduría. Lo dicho es de S. Ambrosio

4. *Las aves y las tormentas.*

Bien sé que las aves adivinan las tormentas, porque los cuervos marinos y las gaviotas, que huelgan naturalmente con el mar alto, adivinando la tempestad como este erizo, se acogen a la playa, donde están más seguras. Y las garzas también, que huelgan en las lagunas de agua (de cuyos peces se mantienen) barruntan las grandes lluvias y tempestades del aire, de las cuales se libran volando sobre las nubes, donde está el cielo y aire sereno. Mas con todo esto hice más caso del ejemplo de este erizo, porque cuanto este pececillo es más vil, y más artificioso el medio por donde se repara, tanto más nos descubre la sabiduría y providencia del Criador, el cual quiere que en todas las cosas le veamos y reverenciemos y glorifiquemos, como lo hacen aquellos espíritus soberanos que perpetuamente están alabando al Criador, diciendo que los cielos y la tierra están llenos de su gloria, porque todo cuanto en ellos hay, son obras de sus manos, testigos de su gloria, predicadores de sus alabanzas, y todas nos descubren la bondad y sabiduría y providencia suya, la cual es tan universal y tan perfecta, que a ninguna criatura, por pequeña que sea, falta, con lo cual nos convidan a amar, servir y glorificar al que por tantas vías se nos quiso dar a conocer.

D.— DE LAS HABILIDADES Y ARMAS QUE LOS ANIMALES TIENEN PARA DEFENDERSE

Dicho de la cura de los animales, síguese que digamos de las armas y habilidades que tienen para defenderse. Porque todos ellos generalmente tienen armas ofensivas y defensivas, y otras artes o habilidades que les sirven de armas, no de una manera, sino de muchas y diversas. Porque a unos proveyó el Criador de uñas, dientes y picos revueltos, a otros de pezuñas, como las que tienen los caballos: otros tienen armas defensivas, como son las de algunos que tienen los cueros tan duros, que apenas los pasará un dardo: otros tienen conchas, como las tortugas y galápagos, y algunas serpientes y dragones y ballenas, y otras grandes bestias de la mar.

1. *El "Leviatán"*.

Tales son las conchas de aquella gran bestia que la Escritura llama Leviatán, cuyas armas tan particularmente describe en el libro de Job el mismo Señor que se las dio, diciendo (Job. 41): Su cuerpo es como un escudo de acero, guarnecido con escamas tan juntas unas con otras, que ni un poco de aire entra por ellas. No hace más caso del hierro que de las pajas, ni del acero que de un madero podrido. No lo hará huir ningún ballestero, y las piedras de la honda son para él una liviana arista, y los golpes del martillo son para él una paja liviana, y él hará burla de la lanza que viene por el aire blandiendo. Estas y otras armas dio el Criador a esta bestia fiera que allí nos representa, para mostrar así en las cosas grandes como en las pequeñas la grandeza de su poder y sabiduría.

2. *La langosta de mar*

Mas en cuerpo pequeño son de extrema admiración las armas defensivas que dio a la langosta de la mar y al bogabante, porque estos nombres tienen en Portugal. Están estos peces vestidos de un arnés trenzado, hecho de una concha dura, y éste tan perfectamente acabado, que en todas las herrerías de Milán no se pudiera hacer más perfecto. Solos los ojos era necesario estar descubiertos para ver, mas encima de cada uno está por guarda una como punta de diamante labrado, para que nadie pueda llegar a ellos sin su daño. Y tiene más otra ventaja a nuestros arneses, que es estar la concha de encima sembrada de abrojos y puntas agudas, para que ningún pez la pueda morder sino lastimándose la boca. Y porque era necesario tener algún secreto lugar por donde despidiesen los excrementos, para esto tiene una compuerta tan ajustada y tan apretada, que ningún agua pueda entrar por ella. Y porque estas armas eran pesadas para la ligereza del nadar, suplió el Criador esta falta con darles doce remos, seis por banda, con los cuales maravillosamente cortan las aguas y nadan. Ni porque les dio estas armas defensivas, les negó las ofensivas, porque tienen dos brazos con dos tenazas al cabo de ellos, que ellos abren y cierran a su voluntad, y con ellas prenden lo que quieren. Y porque nada les faltase de lo necesario, las dos piezas de estas tenazas o garras no son lisas, sino a manera de sierra tienen sus dentecillos para que el pez que prendieren, no pueda escaparse de ellas. Y con estas garras llevan el manjar a la boca, y comen de la manera que comemos nosotros, sirviéndose de las manos para esto, lo cual ninguno de los peces ni aun de los otros animales hace (quitados los simios aparte) porque todos los otros se sirven de sola la boca para comer o pacer, mas éste lleva con las manos el manjar a la boca: lo cual vemos cada día (no sin admiración) en los cangrejos, que como semejantes a ellos, comen de la misma manera.

3. *El ciervo, el gamo y la liebre, las raposas.*

Éstos son los modos de que el Criador proveyó a muchos de los animales así para cazar como para defenderse. Mas a los que no dio armas, dio ligereza para huir de los enemigos, como al ciervo, al gamo y a la liebre. A otros dio singulares artes e industrias para escapar de los peligros, y dejar burlados sus adversarios y perseguidores, como a las raposas, que saben mil mañas para escapar, y no menos a la liebre, que unas veces hurta el cuerpo al galgo que la persigue, otras con mayor artificio, cuando ve el enemigo cerca, levanta polvo con los pies para cegarle y hacer perder el tino. Mas ¿qué hace cuando ve caer el águila sobre sí? Tampoco le falta para esto industria, porque se empina sobre los pies, y levanta las orejas cuanto puede, y como el águila caza de vuelo, acomete a la parte del cuerpo que ve más levantada: entonces ella encontinente la baja, y así escapa venciendo por arte la fuerza del perseguidor, y mostrándonos por experiencia lo que dijo el Sabio (Sap. 6): Más vale la sabiduría que las fuerzas, y el varón prudente que el esforzado. Y en otro lugar (Prov. 21): La ciudad del fuerte escaló el sabio, y destruyó toda la fuerza de su confianza.

Tiene también otra industria este animal, y es, que entra de salto en la madriguera, por no dejar rastro para que se sepa su casa.

4. *Ardides del oso y del león.*

Y de otra industria semejante usan también los animales fuertes y armados. Porque el oso, para que no se halle el lugar de su morada, usa de este artificio, que entra en ella volviéndose boca arriba, y andando de espaldas para no dejar señal de la huella de sus pies. Mas el león le vence aún en esta industria, porque anda hacia atrás y a una parte y a otra, ya hacia bajo, ya hacia arriba, y parte de esta huella cubre el polvo, para que con esta confusión de caminos deje también confuso al cazador para que no sepa atinar donde él mora y cría sus hijuelos. Pues si los fuertes se ayudan de arte y industria, ¿qué harán los flacos, que no tienen otras armas? Así la perdiz no entra de vuelo en el nido, para que no sea conocido, sino mucho antes cae en tierra, y andando llega a él.

5. *Los ciervos y los gamos.*

Finalmente, a todos estos animales desarmados proveyó el Criador de temor, el cual es madre de la seguridad. Porque éste los hace andar solícitos, huyendo de los lugares peligrosos y buscando los seguros, como hacen los ciervos y gamos, que andan por los altos riscos y despeñaderos, levantadas las cabezas para ver y oler cualquier cosa que los pueda dañar. Con lo cual también nos enseñan que no menos está la seguridad de nuestras ánimas en el temor de Dios, que la de sus cuerpos con el temor de los peligros. Por esto dice Salomón (Prov. 28) que es bienaventurado el hombre que siempre vive temeroso, porque este temor lo hace solícito para hurtar el cuerpo a todas las ocasiones de los peligros. Y el Eclesiástico (Eccli. 2): Guarda (dice) el temor de Dios, y envejécete en él. Quiere decir: aunque seas criado viejo en la casa de Dios, y sea muy antigua y probada tu virtud, no por eso pierdas la compañía del temor.

6. *El elefante y el castor.*

Cosa es de grande admiración la que escribe Solino del elefante (Cap. 38), el cual viéndose muy apretado de los cazadores, quiebra los colmillos y déjalos en tierra para que dándoles el marfil que ellos buscan, le dejen con la vida, redimiendo su vejación con una parte de su cuerpo para conservar el todo. Y el mismo autor, capítulo 23, dice otra cosa semejante a ésta de otro animal, que en latín se llama castor, del cual parece que se derivó el nombre de castrado, porque éste se castra con sus dientes cuando se ve muy acosado y perseguido por los cazadores, dejando en tierra aquella parte de su cuerpo que ellos buscan, porque lo dejen de perseguir. Estas cosas parecerán increíbles a los que no miran más que a las habilidades que se pueden esperar de un animal, mas quien considerare que la divina Providencia gobierna los animales, y les da inclinaciones y naturales instintos para todo lo que conviene a su conservación y defensión, nada de esto tendrá por increíble. Porque si dijimos que la divina Providencia suple en todos los animales la falta que tienen de razón, dándoles inclinaciones e instintos para que con ellos hagan lo que hicieran si la tuvieran, y vemos que todos los hombres que la tienen, consienten que se les corte un brazo o una pierna para conservar la vida, no es cosa increíble querer perder estos animales una parte de su cuerpo por la misma causa.

7. *El elefante y el unicornio.*

Tampoco será increíble lo que diré de la pelea que tienen entre sí el elefante y el unicornio sobre los pastos. Porque el unicornio, que tiene sobre la nariz un cuerno tan duro como hierro, habiendo de entrar en el desafío con el elefante, que es mucho mayor que él, confiado en sus armas, se apercibe para la pelea aguzando aquel cuerno en una piedra para herir mejor con él. Y entrando en campo, como es más pequeño que su contrario, métesele debajo de la barriga, y con una estocada que le da con este cuerno, lo mata. Mas si por ventura yerra el golpe, el elefante, que es de mayores fuerzas, lo hace pedazos. Y con todo eso el elefante por la ventaja que reconoce en las armas del enemigo, le teme grandemente. Sabida es y muy notoria en el reino de Portugal la pelea que hubo entre estos dos animales en tiempo del serenísimo rey Don Manuel. En la cual tuvo gran miedo el elefante a esta bestia, que determinó de valerse de sus pies huyendo. Y no viendo camino abierto para esto sino una gran ventana que tenía una reja de hierro, dio en ella con tan grande ímpetu, que la derribó, y por ella escapó. Ésta es la verdad de esta historia, y engáñanse los que la escribieron de otra manera.

8. *Los halcones y las garzas.*

Muy notoria es a los cazadores la pelea de los halcones con las garzas, mas no todos saben filosofar y contemplar la sabiduría del Criador así en ésta como en otras cosas. Es tan apacible esta caza, que muchos señores gastan más de lo que sería razón en ella, sin acordarse que todo este gusto que compran con tan caro precio y cansancio, es querer gozar y ver las habilidades que la divina Providencia puso en estas aves, en las unas para acometer valerosamente, y en las otras para defenderse sabiamente. Sueltan pues los halcones contra esta ave, de los cuales unos no son más que peinadores que la repelan, y otros matadores, que son lo que la matan. Donde acaece una cosa de admiración, y es, que en soltando de la mano el matador, que está muy lejos de ella, adivina que aquél es el que la ha de matar, y luego comienza a graznar y a hacer el sentimiento que puede por su muerte vecina. Y no por esto desmaya ni deja de hacer cuanto puede para escapar con la vida. Y para esto hace otra cosa de no menor admiración. Porque sintiendo que la carga del mantenimiento le es impedimento para volar, vomítalo y descárgase de él, de modo que ven los cazadores los pececillos que ella había comido, caer en tierra. Llegada pues la hora del postrer combate, cae como un rayo el halcón sobre ella: más a ella no falta industria y armas para defenderse, porque revuelve el pico hacia arriba entre las alas, y si el halcón no es muy diestro, cuanto más furioso viene a dar en ella, tanto corre mayor peligro de enclavarse en el pico de ella, y con esto acaece morir el que venía a matar, y pagar con su muerte la culpa de su osadía. Otras veces usa de otra industria, que es acogerse a alguna laguna de agua, si acaso se halla, porque el halcón es temeroso del agua, y así guarecerse. Mas ¿quién enseñó a esta ave tantas artes y industrias? ¿Quién le dijo que el halcón era temeroso del agua, para acogerse y asegurarse en ella de su enemigo? ¿Quién le hizo adivinar entre muchos halcones que le persiguen, el que la ha de matar, y esto soltándolo de la mano? ¿Quién le enseñó el alivianarse despidiendo el manjar comido para volar más ligero? ¿Quién le enseñó esperar el golpe del enemigo con la punta del arma que el Criador le dio, que es como si dijese, si habéis de llegar a mí, ha de ser por la punta de la espada? Todas éstas son obras de la divina Providencia, que no quiso dejar esta ave del todo desamparada de las armas e industrias necesarias para defenderse de su enemigo, y proveer con esto de una noble y honesta recreación a los reyes y grandes señores. Mas a ellos pertenece, cuando en esto se recrean, levantar los ojos al Criador, cuyas son estas cosas que los recrean y ejercitan, y proveer también que no se entreguen tanto a esto, que se olviden de las obligaciones de su estado y oficio, como se escribe del rey Antíoco, cuyos vasallos se quejaban de él que por darse mucho a la caza, no acudía a los negocios del reino.

9. *El gato y el escorpión.*

Quiere nuestro Señor mostrarnos la grandeza de su sabiduría en infinitas diferencias de medios que ordena para un mismo fin. ¿Quién pensara que hay especies de hierbas que ayudan a pelear? En la huerta de un monasterio nuestro parecía a veces un escorpión, y un gato grande y animoso determinó pelear con él. Para lo cual se apercibió con la ruda, revolcándose mucho en ella. Y armado y confiado en estas armas vase a buscar al enemigo, estando un religioso desde la ventana de su celda mirando este combate. Y después de muchos encuentros de parte a parte, finalmente el gato, tomando al escorpión entre las uñas en el aire, lo despedazó y mató.

10. *Las culebras de capelo y la comadreja.*

A este propósito se cuenta otra cosa más admirable. Hay en la isla de Ceilán unas culebras grandes, que llaman de capelo, porque tal parece su cabeza y pescuezo, las cuales son tan ponzoñosas, que en veinte y cuatro horas matan. Mas la divina Providencia, que para todas las cosas ordenó remedio, proveyó que en esta isla naciese un árbol que sirve de triaca contra esta ponzoña. Porque sólo el olor de él y el vaho de quien lo ha comido, adormece esta bestia y la enflaquece. Por lo cual queriendo un animalejo de la hechura de una comadreja pelear con esta culebra, hártase de las hojas de este árbol, y avahándola con este olor, la adormece y así prevalece contra ella. Usa también de otra singular industria, porque hace dos puertas en su madriguera, una boquiancha y otra angosta, y en la pelea huye a esta madriguera por la boca ancha, por donde entra la culebra en su alcance: mas entrando más adentro con la fuerza que lleva, viene a embarazarse en la estrechura del agujero, dejando medio cuerpo fuera de él. Entonces el animalejo saliendo aprisa por la otra boca estreña, salta sobre la culebra, y córtala por el lomo. Aquí tenemos otro ejemplo de cuánto más vale la industria que la fuerza, y otro argumento de cómo la divina Providencia no dejó cosa, por pequeña que fuese, sin armas y sin remedio.

11. *El caracol.*

Porque ¿qué cosa más vil y despreciada que un caracolillo? Éste carece de ojos, mas no carece de armas defensivas, porque en lugar de ellos tiene dos cornecicos muy delicados y muy sentibles, con los cuales tienta y siente todo lo que le puede ser dañoso. Y topando con alguna cosa que le sea molesta, luego se encoge y retrae en su casica, que es el reparo y acogida que le dio el que los crió, conforme a su pequeñez.

A cada paso hallamos muchas maneras de armas y defensas en los animales, en los cuales el Criador trazó muchas cosas semejantes a las nuestras: mas lo que en nosotros hace el arte imperfectamente, en ellos hace la naturaleza perfectamente. Llevan los mercaderes sus mercadurías por la mar a otras tierras, y para navegar seguros de los corsarios, llevan en su compañía una armada de gente de guerra que los defienda.

12. *La compañía de las cigüeñas.*

Pues una cosa semejante a ésta (como S. Ambrosio refiere) hacen las cigüeñas, las cuales en cierto tiempo del año, ayuntadas en una compañía, caminan hacia la banda de oriente con tan grande orden y concierto como iría un ejército de soldados muy bien ordenado. Y porque en este camino no faltan peligros de otras aves enemigas, ordenó la divina Providencia que hubiese otras aves amigas que les fuesen fieles compañeras de su camino, y las ayudasen a defender, que es una gran compañía de grajas. Y esto se entiende ser así, porque en este tiempo desaparecen estas aves de la tierra, y cuando tornan, se ven las heridas que recibieron en la defensa de sus amigas. Pues ¿quién, veamos, las hizo tan constantes y tan fieles en esta defensa, y más a costa de sus heridas y sangre? ¿Quién les puso leyes y penas si desamparasen la milicia, pues ninguna de ellas volvió las espaldas ni dejó la compañía? Aprendan pues de aquí los hombres las leyes de la hospitalidad, aprendan de las aves la fidelidad y humanidad que se debe a los huéspedes, a los cuales ellas no niegan sus peligros. Mas nosotros por el contrario cerramos las puertas a quien las aves dan sus mismas vidas. Lo dicho es de Ambrosio.

13. *Las grullas.*

De las cigüeñas pasemos a las grullas, que tienen otra manera tan admirable para librarse de los peligros, que por ser tan sabida, ha quitado su debida admiración a una cosa tan admirable, que al no ser tan notoria, a muchos pareciera increíble. Porque ¿quién pudiera creer que cuando van camino, y llegada la noche han de dormir y descansar, tiene una cargo de velar, para que las otras duerman seguras, y si se ofreciere algún peligro, las despierte con sus graznidos para que se pongan en cobro? ¿Quién creyera que esta veladora (por que el sueño no la venza) tome una piedra en la mano, para que si por caso se durmiere, al caer de la piedra despierte? Y porque es razón que el trabajo se reparta por todas (pues el beneficio es común de todas) cuando ésta quiere reposar, despierta a otra con cierto graznido más bajo, la cual sin quejarse que le cortaron el hilo del sueño, ni decir por qué más a mí que a cualquiera de éstas, suceden en el oficio de la vela, y toma también su piedra en la mano, y hace fielmente el oficio de centinela el cuarto que le cabe.

De esta manera y con estas industrias proveyó el Criador a la seguridad de estas aves. Mas ¿para qué fin esto? Arguyamos ahora como arguye S. Pablo sobre aquella ley en que Dios dice: No ates la boca al buey que trilla. ¿Por ventura, dice el Apóstol (I Cor. 9), tiene Dios cuidado de los bueyes? Claro está que esta ley no puso Dios por amor de los bueyes, sino por amor de los hombres. Pues así digo yo también. ¿Por ventura tiene Dios cuidado de las grullas? Claro está que esta manera de providencia que tiene de ellas, no es por ellas, sino por los hombres, porque con estas obras que tan claramente descubren ser él autor, les quiso dar a entender el cuidado de su providencia y de aquellas tres virtudes que dijimos andar en su compañía, que son, bondad, sabiduría y omnipotencia. Porque el conocimiento de ellas es una de las cosas que más mueve nuestros corazones a amar, temer, esperar, reverenciar y obedecer a tan grande Majestad. En lo cual es mucho para sentir la ceguedad de nuestro corazón, porque andando nadando entre tantos avisos y beneficios de Dios y entre tantas maravillas de sus obras, donde tan claramente se nos descubre, no lo conocemos ni reverenciamos en ellas. De manera que viendo no vemos, y entendiendo no entendemos, porque nos contentamos con ver solamente la corteza y apariencia de las cosas, sin inquirir el autor de ellas. Y por no dar un paso más adelante, dejamos de ver el Criador que está luego tras ellas.

14. *Los ánsares.*

Lo que todos sabemos de estas aves susodichas, con otras cosas semejantes de que aquí hemos tratado, hacen argumento de ser verdad otra cosa no menos admirable, que refiere Francisco Patricio de Sena en su libro de República. Donde dice que en el monte Tauro suelen andarse muchas águilas. Y porque una banda de ánṣares (que son grandes graznadores) hacen por allí camino en cierto tiempo del año, para no ser sentidos de las águilas, provéense de remedio. Mas ¿qué remedio? Toma cada cual una piedra en la boca, y ésta los necesita a guardar silencio todo aquel camino. Parece esto cosa increíble. Mas quien se acordare que hace esto mismo el erizo de la mar, cuando adivina la tormenta (como arriba dijimos) tampoco dejará de creer lo que estas aves hacen.

15. *El pececillo y la concha de mar.*

Otra cosa añadiré aquí, no sé si más admirable que las pasadas, la cual refiere Plinio (Plin. lib. 9, cap. 42). Y la misma refiere Tulio en el primer libro de la Naturaleza de los Dioses, en el cual cuenta muchas cosas muy notables de esta manera, pretendiendo declararnos por ellas la suma sabiduría del Hacedor. Dicen pues estos dos insignes autores que hay una manera de concha en la mar por nombre pina, en cuya compañía anda siempre un pececillo que se llama esquila, los cuales pescan y se mantienen de una extraña manera. Porque abre la concha sus puertas, en las cuales entran los pececillos que se hallan a par de ella, y como ella no ve ni hace algún movimiento, créceles con esta seguridad la osadía, y así entran unos y otros a porfía. Entonces la espía (que es aquel pececillo que dijimos) muerde blandamente a la concha ciega, dándole aviso que ya está segura la pesquería. Luego ella cierra y aprieta sus puertas, y con esto mata los pececillos que habían entrado, y parte con el compañero la presa, y así se mantienen ambos. Pues ¿quién no alabará aquí la divina Providencia, que de esta manera proveyó de ojos ajenos a esta concha, y de mantenimiento a este pececillo, pagándole ella el trabajo de su servicio más fielmente que los señores de ahora pagan el de sus criados? Y ¿quién no reconocerá aquí la infinita sabiduría del Criador, que tantas y tan extrañas maneras de habilidades supo inventar para mantener sus criaturas, testificándonos por todas ellas la grandeza de su gloria, para que como a tal la reverenciásemos y adorásemos?

Acabo este capítulo suplicando a nuestro Señor nos dé aquella prudencia de serpientes, que él nos encomendó en su Evangelio: las cuales viéndose maltratar y herir, esconden la cabeza con toda la astucia que pueden, y ofrecen el cuerpo a los golpes, poniendo a peligro lo que es menos, por guardar lo más, y así defienden su vida.

Otra astucia también se cuenta de esta bestia, y es, que proveyéndose el Criador cada año de un vestido nuevo, y siéndole necesario despedir el viejo, ayúdase de esta industria para ello, que se cuela por un agujero estrecho para despedirlo de sí. En lo cual también se nos da documento que el que quisiere despedir de sí el hombre viejo, sujeto a los apetitos de la carne, sepa que le conviene entrar por la puerta estrecha de la mortificación de sus pasiones, y abrazar la cruz de la vida áspera y trabajosa, porque la naturaleza depravada, mayormente si está confirmada con la costumbre de muchos días, no se puede vencer sino con grande dificultad, esto es, con ayunos, oraciones, vigilias, santas lecciones, silencio, guarda de los sentidos, y uso de sacramentos, y otras cosas tales.

E.— DE LAS HABILIDADES Y FACULTADES QUE LA DIVINA PROVIDENCIA DIO A TODOS LOS ANIMALES PARA LA CRIACIÓN DE SUS HIJOS

La cuarta cosa que nos conviene tratar (según la división que al principio propusimos) es de las habilidades que el Criador dio a todos los animales para la criación y defensión de sus hijos. En lo cual no menos sino mucho más resplandece la divina Providencia, que en todo lo que hasta aquí se ha dicho de ellos. Porque las habilidades susodichas principalmente sirven para la conservación de los individuos, mas lo que toca a la criación de los hijos pertenece a la conservación de la especie que los comprehende, que es mayor bien, pues precede el bien común al particular, y la divina Providencia más resplandece en la gobernación de las cosas mayores que de las menores.

Pues la primera y principal cosa que ella para esto proveyó, fue un grande amor que los padres tienen a los hijos. Porque éste les hace ayunar y trabajar por ellos, y ofrecerse a cualquier peligro, y aun a meterse por las lanzas por defenderlos. Y este mismo amor hace que muchas aves, especialmente la gallina, que siempre huye del hombre, consiente llegar a ella cuando está sobre los huevos, por no dejarlos enfriar. Verdad es que en los peces no hallamos este amor, porque tienen otra manera de multiplicarse y conservar su especie, que es desovando: para lo cual buscan lugares convenientes, donde esto puedan hacer más cómodamente. Con todo esto, S. Ambrosio hace mención de algunos peces que paren hijos, entre los cuales refiere una cosa digna de notar, y es que un cierto pez de éstos, viendo los hijuelos en algún peligro, abre la boca y enciérralos dentro de sí, y pasado el peligro los vuelve tan enteros y sanos, como la ballena que tragó a Jonás. Así que este amor de que hablamos, más tiene lugar en los animales, y aún mucho más en las aves, por la razón que arriba tocamos.

1. *El avestruz.*

Con todo esto (como no haya regla sin excepción) del avestruz dice el mismo Criador, hablando con el santo Job (Job 39), que carece de este amor, por estas palabras: Las plumas del avestruz son semejantes a las de un gavilán. Pues cuando esta ave deja sus huevos en la tierra, ¿serás tú poderoso como yo para calentarlos en el polvo y sacarlos a luz? No se le da nada que los huellen los pies del caminante, o las bestias del campo los quiebren. Endurécese para con sus hijos como si no fuesen suyos, porque privó Dios esta ave de sabiduría, y no le dio inteligencia. Cuando es menester, levanta las alas en alto, y hace burla del caballo y del caballero que va en él. Este ejemplo alegó el Criador para declarar más el cuidado de su providencia. Porque cuando falta el amor y diligencia de esta ave, él la toma a su cargo, y sin el beneficio y calor de la madre saca a luz los hijos que ella desamparó.

Semejante providencia a ésta es la que tiene de los hijos de los cuervos recién nacidos. Porque como en este tiempo no les han aún nacido las plumas negras, el padre tiénelos por adulterinos, y así no los quiere mantener, porque no los reconoce por suyos, hasta que los ve con plumas de su color. Pues en esta sazón la divina Providencia suple el oficio de padre, y los mantiene. Lo cual tuvo el Profeta Real por tan grande argumento de la gloria de Dios, que la refiere entre las otras alabanzas suyas diciendo (Psalm. 146) que él es el que da a las bestias su propio mantenimiento, y a los hijuelos de los cuervos que lo llaman.

2. El águila.

Ni es menor providencia la que nos muestra en la criación de los hijos del águila. De la cual cuentan algunos que enfadada del trabajo de la criación de ellos, despide uno del nido. Mas aquel Señor que a nada falta, proveyó de otra ave, la cual toma a cargo la criación de aquel noble hijo, hasta que él pueda volar y mantenerse por sí. Verdad es que S. Ambrosio no quiere conceder este desamor del águila, pues el Señor compara en la Escritura el amor que tiene a sus espirituales hijos con el que esta ave tiene a los suyos: por tanto dice que la causa de este desecho es otra cosa digna de admiración, la cual es que hace mirar sus hijuelos al sol de hito en hito, y el que halla tan flaco de vista que no sufre la fuerza de estos rayos, desecha del nido como inhábil y ajeno de la nobleza real del águila, enseñando por este ejemplo el Criador a los padres nobles el poco caso que deben hacer de los hijos que oscurecen con sus malas costumbres la nobleza de su linaje.

También es notable la manera que el gavilán tiene de enseñar sus hijuelos a cazar. Después que ellos están ya más criados, y pueden servirse algún tanto de las alas, pónenles delante un pájaro medio peladas las alas, y ellos, aquejados de hambre, van en pos de él: y esto hecho algunas veces, quedan ya habilitados para la caza, cuando están vestidos de sus plumas.

3. El gavilán.

Y pues hicimos mención del gavilán, no diré de él cosa nueva sino sabida, mas poco ponderada y estimada de muchos. En las noches grandes y frías del invierno procura cazar un pájaro, para tenerlo toda la noche en las uñas y calentarse con él. Ya esto es una providencia. Otra es, que amaneciendo él a la mañana con grande hambre por haber sido la noche larga, y tener así él como todas las aves de rapiña gran calor en el estómago, porque la hambre los haga cazar, teniendo el manjar en las uñas, no toca en él, sino suéltalo para que se vaya, por haber de él recibido aquel beneficio. Ésta es otra providencia. La tercera es que a la mañana, cuando va a buscar en que se cebe, no vuela por la banda que el pájaro voló, por no topar con él sino por la contraria. De estas noblezas nació el común proverbio que dice: Hidalgo como un gavilán, y como a tal lo libran las leyes reales de pagar pecho o portazgo así a él como a toda su familia, que son todas las aves que vienen en su compañía, aunque él llegue ya muerto. Pregunto pues ahora: ¿qué más hiciera en materia semejante un hombre noble, virtuoso y agradecido? Pues todo esto hace un gavilán, aunque no él, sino quien lo crió con tales respetos y noblezas, el cual no contento con habernos enseñado por sus Escrituras la condición de la verdadera nobleza, también nos la quiso declarar por el ejemplo de esta ave. La cual padeciendo hambre, y teniendo el manjar en las uñas, de tal manera corta por sí, que no quiere agravar al pajarillo de quien recibió aquel beneficio. No llegó aquí la nobleza del emperador Octaviano, tan afamado entre todos los emperadores romanos, pues por tomar venganza de su enemigo, otorgó la cabeza de Marco Tulio, de quien había recibido toda la autoridad y dignidad que tenía. Gloríense pues ahora mucho los que descienden de casta de reyes o emperadores, porque ¿qué hermosura puede haber en las ramas del árbol, donde la raíz es tan dañada? Y ¿qué claridad en los arroyos, donde la misma fuente está tan turbia? Resta luego que la verdadera nobleza está con el temor de Dios, porque donde éste mora, no ha lugar tacañería ni vileza.

4. *La coneja.*

La coneja, cuando ha de parir, hace la cama blanda para que los hijos tiernos no se lastimen. Para lo cual, además de algunas pajuelas que pone debajo, pélase los pelos de la barriga para poner encima. Pues ¿qué mayor caridad maternal que ésta? Y cuando sale a buscar de comer, de tal manera deja cubierta la boca de la madriguera, que no se pueda fácilmente echar de ver. El lobo, con ser insaciable, si la hembra muere, él cría los hijuelos, sacando del buche lo que él ha comido, partiéndolo con ellos.

Mas volviendo al propósito de la criación de los hijos, para esto sirve la fábrica de los nidos que hacen para criarlos: la cual es tan medida y proporcionada para este efecto, que a Quintiliano pareció esto una especie y imagen de razón, mayormente considerando aquella camilla blanda que ponen encima del nido para que los hijuelos recién nacidos y tiernos no se lastimen con la dureza del nido.

5. *La golondrina*

Mas Aristóteles se espanta con mucha razón de la fábrica del nido de una golondrina. Y lo que bastó para poner admiración a un tan grande filósofo, no basta para ponerla a nosotros, o porque vemos esto cada día, o porque no tenemos ojos para saber mirar y ponderar las obras de Dios. Porque ¿quién pudiera creer, si no lo viera, que un pajarillo tan pequeño hace un nido como de bóveda, arrimado a una pared, sin más columnas que lo sustenten en el aire, y que mezcle pajas con el barro para que fragüe la obra, como hacen los alabañiles cuando envisten una pared para encalarla, y que además de esto busque algunas plumillas, u otras cosas blandas, para que no se lastimen los hijuelos? Mas quiero que me digan ahora los hombres que tienen razón, ¿qué medio podrá tener esta avecilla, cuando acertare a fabricar su nido en tierra donde no hay barro ni cieno alguno? De mí confieso que no lo pudiera inventar. Mas súpolo esta avecilla, porque la gobierna otro mayor entendimiento, que es el del Criador, el cual le dio industria para hacer barro donde no lo hay. Porque para esto moja las alas en el agua, y revuélcase en el polvo, y de esta manera hace barro, y con muchos caminos de éstos viene poco a poco a dar fin a su obra. La cual como sabia hace su nido dentro de nuestras casas, porque (como dice S. Ambrosio) en este lugar tiene sus hijos más seguros de las aves enemigas, y páganos el alquiler de las casas con su música y con servirnos de reloj para despertar por la mañana. Mas así en esto como en todo lo demás que aquí se trata, conviene repetir aquella sentencia del Apóstol (I. Cor. 9): ¿Por ventura tiene Dios cuidado de los bueyes y de las golondrinas? Claro está que todo esto es querer Él darse a conocer a los hombres, para ser adorado y reverenciado de ellos. Porque quien tuviere ojos para notar así la fábrica de los cuerpos de todos los animales como de las habilidades que tienen para su conservación, verá claro que todas ellas predican su sabiduría, y que cuantas son las criaturas, tantos son los testigos de su gloria.

6. *El alción.*

Pues no es cosa menos admirable la que San Basilio y San Ambrosio cuentan de una avecilla que se llama alción. En la cual quiso el Criador mostrarnos más a la clara la perfección de su providencia, y cómo en ninguna cosa falta. Para esto dio a esta avecilla una inclinación de hacer su nido en el arena junto a la mar, y esto en medio del invierno. Pues ¿qué remedio para que no lo ahoguen las ondas de la mar, cuando anda alterada? Alguno pudiera decir que se descuidó en esto la Providencia, pues dio inclinación a esta ave que pusiese los huevos donde no podía conservarlos. Pues para que esto no se pudiese decir, ¿qué remedio? Hallólo el que lo podía dar, el cual como señor de la mar le puso mandamiento que dentro de catorce días (conviene a saber, siete en que esta ave calienta los huevos, y otros siete en que los cría hasta que puedan volar) no se alterase ni levantase sus ondas, por que no pudiese con verdad decir que faltaba un punto en la providencia de Dios. ¡Oh admirable Señor en todas vuestras obras! ¡Oh cuán digno sois de ser reconocido, y adorado, y reverenciado en todas ellas, y cuánto deseáis que os conozcamos, pues tales lecciones nos dais de vuestras grandezas y maravillas! ¿Quién no esperará de vos el remedio de todas sus necesidades, pues para unas tan pequeñas avecillas mandáis a aquel tan furioso y tan gran cuerpo del mar Océano que por todos estos días esté quieto? Los cuales tienen notados los marineros, y llaman estos días alcionios, y tienen prendas de esta avecilla que por todo este espacio que ella estuviere criando sus hijuelos, los asegura de tormenta.

7. *Las palomas zoritas.*

Ni es para dejar de notar cómo todas las aves guardan una imagen del matrimonio, y se revezan y parten el trabajo en la criación de los hijos, porque mientras el uno está sobre los huevos, el otro va a buscar de comer, y cuando éste vuelve, hace el mismo oficio, y el otro va a buscar también su comida. Esto vemos cada día en las palomas zoritas que criamos en nuestras casas, las cuales (como dice Plinio) son tan fecundas, que paren diez veces en el año, y los hijuelos (como él mismo dice) al quinto mes pueden ya ser padres. Y acontece muchas veces estar aún los hijuelos en el nido, y junto con ellos los huevos, de los cuales uno sale macho y otro hembra, y el macho sale primero. En esta maravillosa fecundidad se ve cómo el Criador quiso proveer al hombre de mantenimiento. Por lo cual así a estas aves como a las perdices y conejos dio tanta multiplicación de hijos, por que así por este medio como por otros muchos proveyese de mantenimiento al hombre, y así unos cazando ganasen su vida, y otros se mantuviesen de la caza.

8. *Las vacas y las yeguas.*

Las vacas, cuando sienten peligro de alguna fiera, hácense todas una muela, y encierran dentro de ella los becerrillos, y ellas, vueltas las ancas a los hijos, y los cuernos hacia fuera (que son las armas que el Criador les dio) está a punto de guerra para defenderlos. Lo mismo hacen las yeguas en semejante peligro, para defender sus potricos, pero éstas ponen las ancas hacia fuera, porque tienen las armas en los pies. Porque (como ya dijimos) cada animal conoce sus armas, y sabe usar de ellas en cualquier peligro.

9. *Parto y crianza.*

Vengamos al parto de los animales. Antes del parto se mantienen los hijos de ellos en los vientres de las madres por la tripilla del ombligo, como los hombres, y no les falta instrumento para cortarla en pariendo, porque para esto se sirven de los dientes, con los cuales la cortan para despedirlos de sí, y con la lengua los lamen y limpian de la inmundicia que del vientre sacan. Lo cual señaladamente hace la osa, que pare los hijos muy disformes, y ella a poder de estarlos lamiento y relamiendo, les da la figura que tienen.

Ni faltan engaños y adulterios y hurtos en las aves como entre los hombres. Porque del cuclillo se dice que va poco a poco comiendo los huevos de alguna otra ave, y en lugar de ellos va poniendo los suyos. De lo cual con su astucia saca dos provechos: el uno, mantenerse de los huevos ajenos, y el otro, ahorrar el trabajo de calentar y criar los suyos. Lo cual redunda en otros dos daños del ave robada, que es matarle sus hijos, y cargarle la crianza de los ajenos. Ésta es la condición de los ladrones y tiranos, que es buscar siempre su provecho con el daño de otro.

La perdiz también padece otro agravio en la criación de sus hijos, no muy diferente del pasado, y muy semejante al de aquellas dos malas mujeres que contendían ante el rey Salomón, una de las cuales hurtó el hijo a la otra, diciendo que era suyo. Porque hay perdiz que hurta los huevos de otra perdiz, y los calienta y saca y cría por suyos. Mas aquí interviene una tan grande maravilla, que si no la halláramos en el capítulo 17 de Jeremías, del todo pareciera increíble, aunque sean muchos los autores que la escriben, como refiere San Jerónimo sobre este paso. El cual dice que la perdiz hurta a otra sus huevos, y los calienta y cría. Mas como éstos, después de ya grandecillos, oyen el reclamo de la verdadera madre que puso los huevos, dejan la falsa, y siguen la verdadera. ¿Quién pudiera creer esto, si el mismo autor de esta maravilla no lo dijera en su Escritura? El cual nos quiso aquí representar el misterio y fruto de la redención de Cristo, por cuyo merecimiento los hombres, que hasta el tiempo de su venida servían a los dioses ajenos, cuando oyeron la voz de su verdadero padre, mediante la predicación del Evangelio, dejaron los falsos dioses que adoraban, y acudieron a servir y adorar al verdadero Dios y criador suyo.

En el pelícano también nos quiso representar el mismo misterio y beneficio. Porque de él se dice que saca los hijos de los huevos muertos, y que hiriéndose el pecho con su pico, los resucita rociándolos con la sangre que de él saca. Por lo cual tomó por divisa el rey de Portugal Don Juan el Segundo, que fue muy valeroso, declarándonos por este ejemplo la diferencia que hay entre el rey y el tirano, porque éste se mantiene de la sangre de los suyos, mas aquél da su vida y sangre por ellos. Lo que Eliano cuenta de esta ave es que hace su nido en la tierra. Y por esto usan contra él de esta arte los cazadores, que cercan el nido de paja y pónenle fuego. Entonces acude el padre a gran prisa a socorrer a los hijos, pretendiendo apagar la llama con el movimiento de las alas, con el cual no sólo no la apaga, mas antes la enciende más, y de esta manera, quemadas las alas en la defensa de los hijos, viene a manos de los cazadores, no extrañando poner su vida por ellos. Lo cual no menos que el ejemplo de la perdiz nos representa la inmensa caridad del Hijo de Dios, el cual se ofreció a la muerte por redimir y reparar la vida de los hijos que él crió. Mas ahora con la dulce memoria de este sumo beneficio daremos fin a este capítulo. Quien más quisiere saber de estas materias, lea a Aristóteles en los libros que escribió de la naturaleza de los animales, y a Plinio en los libros octavo, nono, décimo y undécimo, y a Eliano en los diez y seis libros que de esta materia escribió. Mas esto poco hemos aquí tratado para enseñar al cristiano a filosofar en estas materias, y levantar por ellas el espíritu al conocimiento y amor de su Criador, el cual si es tan admirable en sus criaturas, ¿cuánto más lo será en sí mismo? Y si nuestro entendimiento tanto gusta de contemplar la infinita sabiduría del que las hizo, el cual sabe tanto y puede tanto, que en tanta infinidad de criaturas que carecen de razón, tales inclinaciones imprimió, que hacen sus obras tan enteramente como si tuvieran razón?.

HIMNO DE ALABANZA AL CREADOR

1. *El alma religiosa ante la incomprensibilidad
del ser diviño.*

Pues, considerando esto el alma religiosa, y viendo que ningún título, ni nombre, ni atributo, ni alabanza llega a explicar lo que Dios merece, y todas las perfecciones y alabanzas de hombres y ángeles quedan infinitamente bajas para explicar lo que Él es, desiste ya de estos nombres, y entiende que le queda un inmenso piélago y abismo de grandezas incomprensibles en que entrar, y así se queda en un santo silencio y espanto de tamaña grandeza; y con esto, no entendiendo, entiende, y no conociendo, conoce, porque conoce ser este Señor incomprensible e inefable...

Esta es la teología que tantas veces repite San Dionisio. Y así, en un lugar dice: La oscuridad y tinieblas en que se dice morar Dios, es una luz inaccesible, la cual, como el Apóstol dice, ningún hombre vio ni puede ver. Y por el mismo caso que ni ve ni conoce, se junta más fácilmente a aquel Señor que sobrepuja todo conocimiento. Y en otro lugar dice él que en esta santa ignorancia está el verdadero conocimiento de aquel Señor que está sobre todo entendimiento y toda substancia.

Por donde concluye la materia este sumo teólogo diciendo que veneremos este gran secreto de la soberana Deidad, el cual trasciende todos los entendimientos, con una sagrada reverencia de nuestra alma y con un casto silencio. Y casto silencio llama el que despide de sí toda curiosidad de entendimiento, y queda en un pasmo y admiración de tan grande majestad, que le ata la lengua y el entendimiento y lo deja como sumido en el piélago y abismo de esta grandeza, donde no se halla suelo, y entonces canta con el Profeta: A ti calla la alabanza, Dios, en Sión.

Todo lo que hasta aquí se ha dicho sirve para que en alguna manera, según nuestra rudeza, entendamos alguna pequeña parte de la inmensidad y grandeza de nuestro soberano Dios y Señor...

2. *Amor y alabanza del hombre a Dios.*

¡Oh altísimo y clementísimo Dios, Rey de los reyes y Señor de los señores! ¡Oh eterna sabiduría del Padre, que, asentada sobre los serafines, penetráis con la claridad de vuestra vista los abismos, y no hay cosa que no esté abierta y desnuda ante vuestro ojos! Vos Señor, tan sabio, tan poderoso, tan piadoso y tan grande amador de todo lo que criasteis, y mucho más del hombre que redimisteis, el cual hicisteis señor de todo, inclinad ahora esos clementísimos ojos, y abrid esos divinos oídos, para oír los clamores de este pobre y vilísimo pecador.

Señor Dios mío, ninguna cosa más desea mi alma que amaros, porque ninguna cosa hay a Vos más debida ni a mí más necesaria que este amor. Criásteme para que os amase, pusiste mi bienaventuranza en ese amor, mandásteme que os amase, enseñásteme que aquí estaba el merecimiento, y la honestidad, y la virtud, y la suavidad, y la libertad, y la paz, y la felicidad, y, finalmente, todos los bienes. Porque este amor es un breve sumario en que se encierra todo lo bueno que hay en la tierra y mucha parte de lo que se espera en el cielo.

3. *No se puede amar a Dios sin conocerle.*

Enseñásteme también, Salvador mío, que no os podía amar si no os conocía. Amamos naturalmente la bondad y la hermosura, amamos a nuestros padres y bienhechores, amamos a nuestros amigos y aquellos con quien tenemos semejanza, y, finalmente, toda bondad y perfección es el blanco de nuestro amor. Este conocimiento se presupone para que de él nazca el amor.

Pues ¿quién me dará que yo así os conozca y entienda cómo en Vos sólo están todas las razones y causas de amor? ¿Quién más bueno que Vos? ¿Quién más hermoso? ¿Quién más perfecto? ¿Quién más padre, y más amigo, y más largo bienhechor? Finalmente, ¿quién es el esposo de nuestras almas, el puerto de nuestros deseos, el centro de nuestros corazones, el último fin de nuestra vida y nuestra última felicidad, sino Vos?

4. *Dificultad de conocer a Dios.*

Pues ¿qué haré, Dios mío, para alcanzar este conocimiento? ¿Cómo os conoceré, pues no puedo veros? ¿Cómo os podré mirar con ojos tan flacos siendo Vos una luz inaccesible? Altísimo sois, Señor, y muy alto ha de ser el que os ha de alcanzar. ¿Quién me dará alas como de paloma para que pueda volar a Vos? Pues ¿qué hará quien no puede vivir sin amaros y no puede amaros sin conoceros, pues tan alto sois de conocer?

Todo nuestro conocimiento nace de nuestros sentidos, que son las puertas por donde las imágenes de las cosas entran a nuestras almas, mediante las cuales las conocemos. Vos, Señor, sois infinito; no podéis entrar por estos postigos tan estrechos, ni yo puedo formar imagen que tan alta cosa represente; pues ¿cómo os conoceré? ¡Oh altísima substancia! ¡Oh nobilísima esencia! ¡Oh incomprensible Majestad!

Pues siendo como sois tan grande, ¿quién os conocerá? ¿Quién conocerá la alteza de vuestra naturaleza, pues no puede conocer la bajeza de la suya? Esta misma alma con que vivimos, cuyos oficios y virtud cada hora experimentamos, no ha habido filósofo hasta hoy que haya podido conocer la manera de su esencia, por ser ella hecha a vuestra imagen y semejanza. Siendo, pues, tal nuestra rudeza, ¿cómo podrá llegar a conocer aquella soberana e incomprensible substancia?

Mas con todo esto, Salvador mío, no puedo ni debo desistir de esta empresa, aunque sea tan alta, porque no puedo ni quiero vivir sin este conocimiento, que es principio de nuestro amor. Ciego soy y muy corto de vista para conoceros, mas por eso ayudará la gracia donde falta la naturaleza. No hay otra sabiduría sino saber a Vos; no hay otro descanso sino en Vos;

mo hay otros deleites sino los que se reciben en mirar vuestra hermosura, aunque sea por el viril de vuestras criaturas.

5. *Excelencia del conocimiento que de Dios podemos tener.*

Y aunque sea poquito lo que de Vos conoceremos, pero mucho más vale conocer un poquito de las cosas altísimas, aunque sea con oscuridad, que mucho de las bajas, aunque sea con mucha claridad. Si no os conociéremos todo, conoceremos todo lo que pudiéremos y amaremos todo lo que conociéremos, y con esto sólo quedará nuestra alma contenta, pues el pajarico queda contento con lo que lleva en el pico, aunque no pueda agotar toda el agua de la fuente.

6. *Con la ayuda de Dios.*

Cuánto más, Señor, que vuestra gracia ayudará a nuestra flaqueza, y si os comenzáramos a amar un poco, nos daríais por este amor pequeño otro más grande, con mayor conocimiento de vuestra gloria, así como nos lo tenéis prometido por vuestro evangelista (Jn. 14, 21), diciendo: Si alguno me amare, mi Padre lo amará, y yo también lo amaré, y me descubriré a él, que es darle un más perfecto conocimiento, para que así crezca más en ese amor.

Ayúdanos también para esto la santa fe católica y las Escrituras sagradas, en las cuales tuvisteis, Señor, por bien daros a conocer y revelarnos las maravillas de vuestra grandeza, porque este tan alto conocimiento causase en nuestra voluntad amor y reverencia de vuestro santo nombre.

Ayúdanos también la universidad de las criaturas, las cuales nos dan voces que os amemos y nos enseñan por qué os hemos de amar. Porque en la perfección de ellas resplandece vuestra hermosura, y en el uso y servicio de ellas el amor que nos tenéis. Y así, por todas partes nos incitan a que os amemos, así por lo que Vos sois en Vos como por lo que sois para nosotros. ¿Qué es, Señor, todo este mundo visible sino un espejo que pusisteis delante de nuestros ojos para que en él contemplásemos vuestra hermosura? Porque es cierto que así como en el cielo Vos seréis espejo en que veamos las criaturas, así en este destierro ellas nos son espejo para que conozcamos a Vos.

7. La creación, libro maravilloso para conocer a Dios.

Pues, según esto, ¿qué es todo este mundo visible sino un grande y maravilloso libro que Vos, Señor, escribisteis y ofrecisteis a los ojos de todas las naciones del mundo, así de griegos como de bárbaros, así de sabios como de ignorantes, para que en él estudiasen todos y conociesen quién Vos erais? ¿Qué serán luego todas las criaturas de este mundo, tan hermosas y tan acabadas, sino unas como letras quebradas e iluminadas que declaran bien el primor y la sabiduría de su autor? ¿Qué serán todas estas criaturas sino predicadoras de su Hacedor, testigos de su nobleza, espejos de su hermosura, anunciadoras de su gloria, despertadoras de nuestra pereza, estímulos de nuestro amor y condenadoras de nuestra ingratitud?

Y porque vuestras pefecciones, Señor, eran infinitas, y no podía haber una sola criatura que las representase todas, fue necesario criarse muchas, para que así, a pedazos, cada una por su parte nos declare algo de ellas.

De esta manera las criaturas hermosas predican vuestra hermosura; las fuertes, vuestra fortaleza; las grandes, vuestra grandeza; las artificiosas, vuestra sabiduría; las resplandecientes, vuestra claridad; las dulces, vuestra suavidad; las bien ordenadas y proveídas, vuestra maravillosa providencia.

¡Oh testificado con tantos y tan fieles testigos! ¡Oh abonado con tantos abonadores! ¡Oh aprobado por la universidad, no de París ni de Atenas, sino de todas las criaturas! ¿Quién, Señor, no se fiará de Vos con tantos abonos? ¿Quién no creerá a tantos testigos? ¿Quién no se deleitará de la música tan acordada de tantas y tan dulces voces, que por tantas diferencias de tonos nos predican la grandeza de vuestra gloria?

Por cierto, Señor, el que tales voces no oye, sordo es, y el que con tan maravillosos resplandores no os ve, ciego es, y el que vistas todas estas cosas no os alaba, mudo es, y el que con tanto argumentos y testimonios de todas las criaturas no conoce la nobleza de su criador, loco es.

Paréceme, Señor, que todas estas faltas caben en nosotros, pues entre tantos testimonios de vuestra grandeza no os conocemos. ¿Qué hoja de árbol, qué flor del campo, qué gusanico hay tan pequeño, que, si bien considerásemos la fábrica de su corpezuelo, no viésemos en él grandes maravillas? ¿Qué criatura hay en este mundo, por muy baja que sea, que no sea una grande maravilla?

Pues ¿cómo andando por todas partes, rodeados de tantas maravillas, no os conocemos? ¿Cómo no tenemos corazón entendido para conocer al maestro por sus obras, ni ojos claros para ver su perfección en sus hechuras, ni orejas abiertas para oír lo que nos dice por ellas?

Hiere nuestros ojos el resplandor de vuestras criaturas, deleita nuestros entendimientos el artificio y hermosura de ellas, y es tan corto nuestro entendimiento que no sube un grado más arriba para ver allí al hacedor de aquella hermosura y al dador de aquel deleite.

8. *Somos siempre como niños.*

Somos como los niños, que cuando les ponen un libro delante con algunas letras iluminadas y doradas, huélganse de estar mirándolas y jugando con ellas, y no leen lo que dicen, ni tienen cuenta con lo que significan. Así nosotros, muy más aniñados que los niños, habiéndonos puesto Vos delante este tan maravilloso libro de todo el universo para que por las criaturas de él, como por unas letras vivas, leyésemos y conociésemos la excelencia del criador que tales cosas hizo, y el amor que nos tiene quien para nosotros las hizo; y nosotros, como niños, no hacemos más que deleitarnos en la vista de cosas tan hermosas, sin querer advertir qué es lo que el Señor nos quiere significar por ellas...

9. *Súplica.*

Pues no permitáis Vos, clementísimo Salvador, tal ingratitud y ceguera por vuestra infinita bondad, sino alumbrad mis ojos para que yo os vea, abrid mi boca para que yo os alabe, despertad mi corazón para que en todas las criaturas os conozca, y os ame, y os adore, y os dé las gracias que por el beneficio de todas ellas os debo, porque no caiga en la culpa de ingrato y desconocido, porque contra los tales se escribe en el libro de la Sabiduría (5, 21) que el día del juicio pelearán todas las criaturas del mundo contra los que no tuvieron sentido. Por que justo es que las mismas criaturas, que fueron dadas para nuestro servicio, vengan a ser nuestro castigo, pues no quisimos conocer a Dios por ellas ni tomar su aviso.

Vos, Señor, que sois camino, verdad y vida, guiadme en este camino con vuestra providencia, enseñad mi entendimiento con vuestra verdad y dad vida a mi alma con vuestro amor.

Gran jornada es subir por las criaturas al Criador, y gran negocio es saber mirar las obras de tan gran maestro, y entender el artificio con que están hechas, y conocer por ellas el consejo y sabiduría del Hacedor. Quien no sabe notar el artificio de un pequeño dibujo hecho por la mano de algún grande oficial, ¿cómo sabrá notar el artificio de una tan grande pintura como es todo este mundo visible?

A todos, Señor, nos acaece, cuando nos ponemos a considerar las maravillas de esta obra, como a un rústico aldeano que entra de nuevo en alguna grande ciudad o en alguna casa real que tiene grandes y diversos aposentos, y embebecido en mirar la hermosura del edificio, olvídase de la puerta por donde entró, y viene a perderse en medio de la casa, ni sabe por dónde ir, ni por dónde volverse, si no hay quien lo adiestre y encamine.

¿Pues qué son, Señor, todas las ciudades y todos los palacios reales sino unos nidos de golondrinas, si los comparamos con esta casa real que Vos criasteis? Pues si en aquel tan pequeño agujero se pierde una criatura de razón, ¿qué hará en casa de tanta variedad y grandeza de cosas? ¿Cómo nadará en un tan profundo piélago de maravillas quien se ahoga en tan pequeños arroyuelos?

Pues guiadme Vos, Señor, en esta jornada; guiad a este rústico aldeano por la mano, y mostradle con el dedo de vuestro espíritu las maravillas y misterios de vuestras obras, para que en ellas adore y reconozca vuestra sabiduría, vuestra providencia, para que así os bendiga y alabe y glorifique en los siglos de los siglos. Amén.

10. *En contemplación silenciosa.*

Por donde el que en alguna manera le quisiere conocer, después que haya llegado a lo último de las perfecciones que él pudiera entender, conozca que aún le queda infinito camino que andar, porque es infinito mayor de lo que él ha podido comprender; y cuando más entendiere esta incomprensibilidad, tanto más habrá entendido de él. Por donde San Gregorio, por aquellas palabras de Job (5, 9): El que hace cosas grandes e incomprensibles sin número, dice así: Entonces hablamos con mayor elocuencia las obras de la omnipotencia divina, cuando, quedando maravillados y atónitos, las callamos; y entonces el hombre alaba convenientemente callando, lo que no puede convenientemente significar hablando.

Y así nos aconseja San Dionisio que honremos el secreto de aquella soberana deidad, que trasciende todos los entendimientos, con sagrada veneración de alma y con un inefable y casto silencio. En las cuales palabras parece que alude a aquella del profeta David (Salm. 64, 2), según la traslación de San Jerónimo, que dicen: A ti calla la alabanza, Dios, en Sión. Dando a entender que la más perfecta alabanza de Dios es la que se hace callando, que con este casto e inefable silencio, entendiendo nuestro no entender y confesando la incomprensibilidad y soberanía de aquella inefable susbstancia, cuyo ser es sobre todo ser, cuyo poder es sobre todo poder, cuya grandeza es sobre toda grandeza, y cuya susbstancia sobrepuja infinitamente, y se diferencia de toda otra substancia, así visible como invisible.

11. *Toda ciencia trascendiendo.*

Conforme a lo cual, dice San Agustín: Cuando yo busco a mi Dios, no busco forma de cuerpo, ni hermosura de tiempo, ni blancura de luz, ni melodía de canto, ni olores de flores, ni ungüentos aromáticos, ni miel, ni maná deleitable al gusto, ni otra cosa que pueda ser tocada y abrazada con la mano: nada de esto busco cuando busco a mi Dios.

Mas con todo esto busco una luz sobre toda luz, que no ven los ojos; y una voz sobre toda voz, que no perciben los oídos; y un olor sobre todo olor, que no sienten las narices; y una dulzura sobre toda dulzura, que no conoce el gusto; y un abrazo sobre todo abrazo, que no siente el tacto, porque esta luz resplandece donde no hay lugar, y esta voz suena donde el aire no la lleva, y este olor se siente donde el viento no le derrama, y este sabor deleita donde no hay paladar que guste, y este abrazo se recibe donde jamás se aparta.

Y si quieres, por un pequeño ejemplo, barruntar algo de esta incomprensible grandeza, pon los ojos en la fábrica de este mundo, que es obra de las manos de Dios, para que por la condición del efecto entiendas algo de la nobleza de la causa. Presuponiendo primero lo que dice San Dionisio, que en todas las cosas hay ser, poder y obrar, las cuales están de tal manera proporcionadas entre sí, que cual es el ser de las cosas, tal es su poder, y cual el poder, tal el obrar. Presupuesto este principio, mira luego cuán hermoso, cuán bien ordenado y cuán grande es este mundo, pues hay algunas estrellas en el cielo que, según dicen los astrólogos, son ochenta veces mayores que toda la tierra y agua juntas.

Mira también cuán poblado está de infinita variedad de cosas que moran en la tierra, y en el agua, y en el aire, y en todo lo demás; las cuales están fabricadas con tan grande perfección que, sacados los monstruos aparte, en ninguna hasta hoy se halló ni cosa que sobrase ni que le faltase para el cumplimiento de su ser.

Pues esta tan grande y admirable máquina del mundo, según el parecer de San Agustín, crió Dios en un momento, y sacó de no ser a ser; y esto sin tener materiales de que la hiciese, ni oficiales de que se ayudase, ni herramientas de que se sirviese, ni modelos o dibujos exteriores en que la trazase, ni espacio de tiempo en que prosiguiendo la acabase, sino con sola una simple muestra de su voluntad salió a la luz esta grande universidad y ejército de todas las cosas.

Y mira más: que con la misma facilidad que crió este mundo, pudiera criar, si quisiera, millares de cientos de mundos, muy grandes y más hermosos y más poblados que éste, y acabándose de hacer, con la misma facilidad los pudiera aniquilar y deshacer, sin ninguna resistencia.

Pues dime ahora: si, como presupuesto de la doctrina de San Dionisio, por los efectos y obras de las cosas conocemos el poder de las cosas, y por el poder el del ser, ¿cuál será el poder de donde esta obra procedió? Y si tal y tan incomprensible es este poder, ¿cuál será el ser que se conoce por tal poder. Esto, sin duda, sobrepuja todo encarecimiento y entendimiento.

Donde aún hay más que pensar: que estas obras tan grandes, así las que son como las que pueden ser, no igualan con la grandeza de este divino poder, antes quedan infinitamente más bajas, porque infinitamente más es lo que se extiende este infinito poder. Pues ¿quién no queda atónito y pasmado considerando la grandeza de tal ser y tal poder? El cual, aunque no vea con los ojos, a lo menos no puede dejar de barruntar por esta razón cuán grande sea y cuán incomprensible.

12. *Cúmulo infinito de infinitas perfecciones.*

Pues, descendiendo ahora a nuestro propósito, por aquí podrás de alguna manera entender cuáles serán las perfecciones y grandezas de este Señor; porque tales es necesario que sean, cual es el mismo ser. Así lo confiesa el Eclesiástico (2, 23) de su misericordia, diciendo: Cuán grande es el ser de Dios, tan grande es la misericordia de Dios, y no menos lo son todas las otras perfecciones suyas; de manera que tal es su bondad, su benignidad, su majestad, su mansedumbre, su sabiduría, su dulzura, su nobleza, su hermosura, su omnipotencia, y tal también su justicia.

Y así es infinitamente bueno, infinitamente suave, infinitamente amoroso e infinitamente amable e infinitamente digno de ser obedecido, temido, acatado y reverenciado. De suerte que si en el corazón humano pudiesen caber amor y temor inifinito y obediencia y reverencia infinita, todo esto era debido en ley de justicia a la dignidad y excelencia de este Señor. Porque si cuanto una persona es más excelente y más alta, tanto se le debe mayor reverencia, necesariamente se sigue, que, siendo la excelencia de Dios infinita, se le debe reverencia infinita. De donde se infiere que todo lo que falta a nuestro amor y reverencia para llegar a esta medida, falta para lo que se debe a la dignidad de esta grandeza.

13. *De la divina hermosura.*

No solamente la bondad, sino también la verdadera hermosura mueve grandemente los corazones al amor. Por donde algunos sabios vinieron a decir que el objeto de nuestra voluntad era la hermosura, por ver con cuánta fuerza atrae las voluntades a sí. Pues si tan amable es la hermosura, ¿qué tan amable seréis Vos, Señor, que sois piélago y fuente de infinita hermosura, de quien proceden todas las hermosuras? Las hermosuras, Señor, de las criaturas son particulares y limitadas; mas la vuestra es universal e infinita, porque en Vos sólo están encerradas las hermosuras de todo lo que Vos criasteis.

Por donde así como el sol es más claro, más resplandeciente y más hermoso que todas las estrellas del cielo juntas y él solo alumbra más que todas ellas, así Vos sólo sois infinitamente más hermoso que todas vuestras criaturas y más parte para alegrar y robar los corazones de todas ellas. De vuestra hermosura el sol y la luna se maravillan; de vuestra hermosura manaron todas las otras hermosuras; en esta hermosura no se hartan de mirar los ángeles, porque en ella ven más perfectamente todas estas perfecciones y hermosuras de las criaturas que en las mismas criaturas.

14. *La hermosura espiritual.*

Mas ¿qué es toda la hermosura de este mundo visible comparada con la del invisible? ¿Qué es toda la hermosura de los cuerpos comparada con la de los espíritus angélicos, sino una estrella comparada con el sol? Un ángel dice el evangelista San Juan (Apoc. 19, 10) que vio en aquella su grande revelación con tan grande claridad y hermosura, que lo iba a adorar si el ángel no se lo estorbara.

Pues si tan grande es la hermosura que excede todas las hermosuras visibles, ¿Cuál será aquella que contiene también en sí la de las invisibles?...

15. *El alma agradecida.*

Entre las cosas que mucho mueven el corazón a amar, una de las más principales es la de los beneficios recibidos...

Pues por esto, el que desea encender su corazón en amor de Dios debe ejercitarse muchas veces en la consideración de sus beneficios, que son propios bienes del hombre...

Porque ¿qué lengua ni qué escrituras habrá que basten para agotar el piélago de las misericordias y beneficios de Dios? Y ¿en qué otro ejercicio podemos y debemos emplear mejor toda la vida, que en la consideración de ellos? Pues en este lugar trataremos de ellos, para inflamar nuestros corazones en su amor.

Mas para entender mejor la grandeza de estos beneficios, conviene levantar primero los ojos a considerar la alteza del Dador y nuestra bajeza, porque tanto es de más estimar el beneficio recibido, cuanto es mayor el que lo da y menor el que lo recibe, mayormente cuando lo da de gracia.

Pues si quieres conocer algo de la grandeza de este bienhechor, no es menester más que levantes los ojos al cielo y mires la grandeza y hermosura de esa obra que él crió, que ella te dirá sin palabras cuál sea la grandeza y el poder del autor que la hizo. ¡Grande es el poder de aquel Señor que con sólo querer y mandar sacó esos cielos a la luz del abismo de su infinita fecundidad, y que, si ahora quisiere, haría otros millares de cielos mayores y mejores que ésos, con mayor facilidad que tú puedes abrir y cerrar los ojos!

Pues la grandeza de su saber no sólo parece claro en el orden y concierto maravilloso de todo el universo, sino también en cada una de las partes y criaturas de que está poblado, desde la mayor hasta la más pequeña. Porque si miras el artificio y la fábrica del cuerpo de un mosquito y de una abeja o de algún otro animalico, por pequeño que sea, y los instrumentos y habilidades que cada una de estas criaturas tiene para buscar su vida, en cada una de ellas verás cosas que te pongan en admiración.

Pues que tan grande sea su bondad, su majestad, su hermosura, su misericordia, su dulzura, su benignidad y su clemencia, sobrepuja todo lo que se puede decir y todo lo que los entendimientos criados pueden comprender.

Debe, pues, considerar en cada uno de los beneficios divinos estas tres circunstancias: conviene a saber, quién lo da, y a quién lo da, y por qué causa lo da ¿Quién? Dios. ¿A quién? Al hombre. ¿Por qué causa? Por pura gracia y amor. Pues este tan grande y tan admirable Señor, que de nadie tiene necesidad sino de sí sólo, sin pretender nada ni esperar nada ti, por su sola bondad y magnificencia, *ab aeterno,* ante todos los siglos, si eres del número de los escogidos, te amó y te quiso bien, como dice San Pablo (II Tim. 1, 9), y desde entonces se determinó de criarte en el tiempo que a Él le plugo, para hacerte beneficios inestimables y después hacerte participante de su misma gloria. Y si quieres saber cuáles y cuántos beneficios sean éstos, apareja ahora los oídos de tu alma y comienza a oír.

16. *Excelencia de este beneficio: Cuanto a la dignidad del alma.*

Primeramente considera cómo este tan grande Señor con este amor susodicho te sacó del no ser al ser, y te crió a su imagen y semejanza. Abre los ojos para conocer esta dignidad, que es ser, no huella y rastro del Criador, como las otras criaturas, sino imagen y semejanza suya; que es ser substancia intelectual como Él y tener libre albedrío y conocimiento como Él, para que, teniendo semejanza con Él en la manera del ser y del vivir y del obrar, vengas después a ser un hermosísimo retrato y traslado de aquella infinita hermosura.

Y por que esta gloria no fuese transitoria y se acabase con el tiempo, dióte perpetuidad en ese ser, para que así fueses perpetuamente bienaventurado y capaz de aquella inmensa eternidad. De manera que todas las otras criaturas no hacen más que dar una vista al mundo cuando nacen, y de ahí a poco desaparecen; mas tú saliste del no ser al ser, para nunca más volver al no ser, sino gozar siempre aires de vida.

Y si todo esto te parece poco, entiende siquiera por aquí la grandeza de tu dignidad, que eres de tanta capacidad y nobleza, que ninguna cosa criada puede bastar a tu deseo, si no es la grandeza de aquella infinita Majestad. Mira cuán grande es el seno de tu capacidad y cuán grandes espacios y regiones están dentro de ti encerradas, pues ni los cielos ni la tierra bastan para poblarlos, sino sola aquella inmensa eternidad. Esta excelencia te dirá quién eres, y para lo que eres, y lo que debes buscar, y en lo que debes entender. Sólo Dios te puede hartar; todo lo demás embarazarte puede, mas no hartarte. Pues a sólo este busca, que este sólo es el esposo y centro de tu alma y el cumplimiento de todos tus deseos y tu último fin. Éste sólo es para ti, y tú para Él, y pues Él quiere a ti, debes tú también querer a Él.

¡Oh maravillosa dignidad de nuestras almas! El Rey de cuya hermosura el sol y la luna se maravillan, cuya majestad los cielos y la tierra reverencian, con cuya sabiduría los coros de los ángeles se alumbran, de cuya bondad el colegio de todos los bienaventurados se mantiene, este tal, ¡oh alma mía!, desea morar contigo y quiere aposentarse en tu palacio. Apareja, pues, y adorna tu tálamo, hija de Sión, y recibe a tu rey y hacedor en él, con cuya presencia se alegrará y enriquecerá toda tu familia, porque no se irá tal huésped sin dejar a su huéspeda enriquecida y proveída de grandes dones.

Por lo cual dice San Bernardo: ¡Oh dichosa el alma que cada día limpia su corazón para recibir a Dios en él, la cual, cierto, no tendrá necesidad de nada, pues tiene en sí al Autor de todas las cosas! ¡Oh bienaventurada el alma en la cual Dios halló descanso y morada, la cual puede ya decir: El que me crió, descansó en mi morada (Ecli. 24, 12), porque a la tal no se negará el descanso del cielo, pues ella aparejó a Dios en la tierra lugar de descanso!

17. *Cuanto a la perfección del cuerpo.*

Mira también, después del alma, el cuerpo que el Señor te dio proveído y adornado de tantos órganos y sentidos; porque si eres justo apreciador de sus dones, hallarás que tantos beneficios te hizo en este beneficio cuantos miembros y sentidos te dio. Y si quieres ver lo que vale cada uno, mira la falta que te haría uno de ellos si te faltase, y por ahí verás la merced que te hizo quien de todos te proveyó. Si por caso perdieses un ojo, ¿cuánto amarías a quien te lo restituyese? Y si por algún delito merecieses que te lo sacasen por justicia, ¿cuánto amarías a quien te lo conservase? Pues no merece ser menos amado quien al principio te lo dio y después de dado te lo conserva, habiendo tú muchas veces merecido perderlo, por haber usado de él contra su servicio.

Y si estas cosas te parecen pequeñas, mira si quiera la grandeza del amor con que te las dio, pues es cierto que no con menos amor te da las cosas pequeñas que las grandes. Porque así como el padre no da con menor amor al hijo un vestido que una rica heredad, porque lo mucho y lo poco da con un mismo amor de padre, así aquel Padre eterno no da con menor amor a sus hijos las dádivas pequeñas que las grandes, por donde no debe ser menos amado por las unas que por las otras, pues todo lo da con su amor.

Mira, pues, ¡oh alma mía!, lo que debes al Señor, que con este amor te quiso criar, aunque sabía Él muy bien cuán mal se lo habías de agradecer y cuántas cosas habías de hacer contra su voluntad, y dale muchas gracias por este beneficio, reconociendo que ni en el cielo ni en la tierra no tienes otro que te sea tan verdadero padre como Él.

18. *Con protectora predilección.*

Un beneficio es haberte dado el ser y otro es después de dado conservarlo, aunque no es otro el que lo conserva que el que lo dio. Todo es de una misma mano y todo nace de un principio. De manera que si un punto cesase de este oficio, luego te volverías en aquella misma nada de que fuiste criado.

Discurre, pues, por todos los pasos de la vida que has vivido, y verás cuántos beneficios encierra en sí este solo beneficio. Cuando estabas en el vientre de tu madre encerrado en tan estrecho aposento, ¿quién miró por ti allí para que no te ahogases y fueses uno de los abortivos que primero mueren que nacen, sino sólo aquel que te guardó hasta ahora y te dió adelantado este beneficio, para que después se lo pagases con agradecimiento, diciendo con el Profeta (Salm. 21, 11): Desde el vientre de mi madre, tú eres, Señor, mi Dios; no te desvíes de mí?

Al tiempo del parto, cuando ya salías a esta luz, donde tantas criaturas perecen, las cuales más parece que nacieron para penar que para vivir, ¿quién te guardó a ti para que no fueses de este número?

Después acá, dime, ¿de cuántos peligros y casos repentinos te habrá librado, en que caen cada día los hombres así en la mar como en la tierra? ¡Oh si pudieses alcanzar cuántas ocasiones de estas previno el Señor con su piadosa providencia, atajando los males que te pudieran ocurrir, de que tú no puedes tener noticia! Pues ¡de cuántas maneras de enfermedades y lesiones también te habrá librado, en que ves cada día caer otros hombres!

No pases ahora, ruégote, así de corrida por este beneficio, porque sin duda es digno de singular agradecimiento. Dime, ¿qué enfermedad o lesión puede tener un hombre que no la pueda tener otro hombre? Si por hijos de Adán, todos somos hijos de este padre. Si por el pecado original, todos somos concebidos en él. Si por pecados actuales, todos somos pecadores. Si por ser nuestro cuerpo compuesto de humores contrarios, cuyas contradicciones y guerras vienen a dar sobre nuestra cabeza, todos somos de esta masa. Pues ¿Por qué aquél es cojo, y éste manco, y otro ciego, y otro tullido, y otro sufre los dolores de la gota, y otro de la ijada, y otros otras infinitas maneras de dolencias con que pasan los días y las noches con perpetuo gemido, sin una hora de alegría y sin ser señores de beber un jarro de agua, y a ti hizo el Señor tan señalada gracia que te diese una bula de excepción general de todos esos males, y te hiciese señor de todos tus miembros, y te diese vida con alegría? No se puede casi señalar otra causa de esto sino sólo su gracia y misericordia.

Pues ¿cuánto debes al Señor por esta causa? Si estuviesen diez malhechores en la cárcel para ser ajusticiados y, siendo tú uno de ellos, el rey te hiciese a ti sólo merced de la vida, dejando a los otros en poder de la justicia, ¿qué tanto le deberías por esta gracia? Pues no es menor gracia que, siendo tú pecador como los otros hombres y mereciendo de justicia el azote de los otros, que te quite Dios de las manos de los verdugos, dejando a los otros en ellas. Cosa es ésta de singular privilegio, y así merece agradecimiento singular.

Si esto sabes considerar, todas cuantas enfermedades y miserias vieres en todo el mundo, que son más que las arenas de la mar, tendrás por beneficios propios, y todas te serán estímulos de amor para aquel que tantos beneficios te hizo, de cuantos males ves que te libró.

Demás de esto, no será razón que eches en olvido el pasto y mantenimiento cotidiano que el Señor te da, pues el santo patriarca Jacob no olvidaba este pequeño beneficio (Gén. 28, 20), con los otros mayores. Mas ¿qué mucho es que lo agradezca el patriarca, el cual cada vez que comía daba gracias al Padre por aquella comida que comía, aunque no fuese más que un pan de cebada? Mira por qué se ponía a dar gracias quien tanto mayores gracias había recibido.

¿Cómo creeremos, ¡oh fidelísimo Señor!, que agradecíades los otros beneficios mayores, pues así agradecíades este tan pequeño.

Mira lo que suele costar el mantenimiento ordinario a muchos hombres, y por aquí verás lo que tú debes a Dios, si por ventura te lo dio a ti sin tanta costa. Unos lo compran con sudor de su rostro, otros con peligros de su alma, otros con perpetuos cuidados y aflicción de espíritu y otros aun con peligros de muerte, y muchos hay que apenas por todos estos medios adquieren lo necesario para la vida; y tú, por ventura, hallarás cada día la mesa puesta y proveída de todo lo necesario con ajenos cuidados y solicitud. Esto pedía a Dios el patriarca Jacob, y por esto se obligaba a servirle toda la vida, pues por esto vemos que unos hombres sirven a otros como esclavos; por donde mucha más era razón servir al criador que da todo esto con lo demás.

19. Todas las criaturas a tu servicio.

Discurre también por todas las criaturas del mundo, que, si las miras atentamente, hallarás por cierto que tú eres el fin de todas ellas y que todas fueron criadas para tu servicio. Todas ellas son como partes de la heredad que Dios te dio, y como diversas vituallas que se proveyeron para tu mantenimiento, y como alhajas del ajuar y casa en que Dios te puso.

Mira, pues, cuán grande sea aquella bondad que de tantas cosas proveyó a quien no se lo había merecido, y después, aun habiéndolo con tantas culpas desmerecido, todavía persevera en hacernos bien sin cesar. ¿Cuántas veces estarás tú jugando, jurando y perjurando, y estará Él en aquella misma hora lloviendo en tus sembrados y en tu vida y en tu dehesa, para darte todo lo necesario, lo cual, si a mano viene, vendrás a gastar en su deservicio? ¿Cuántas veces estarás tú durmiendo y traerá Dios en esa hora la abejica apresurada por montes y valles, revoleando sobre las flores para allegarte hacienda y criarte los panales de miel con que te regales?

¡Oh bondad infinita, oh bondad invariable, que con tantos pecados y maldades no puede ser de nadie vencida para que se olvide de quién es y deje de hacernos mercedes!

Mas no bastó, Señor, a vuestra piedad emplear en nuestro servicio estas criaturas más bajas que están acá, sino también ocupáis en esto aquellas más altas que están sobre los cielos, que son los ángeles, los cuales también diputasteis para nuestra utilidad y remedio. Gran dignidad es por cierto tener tales ayudadores, tales defensores, tales maestros y tales medianeros.

¡Oh si pudieses ver con cuánta alegría acompañan a los que oran, y con cuánto cuidado velan sobre los que pelean, y con cuánta devoción presentan nuestras oraciones a Dios, cómo estimarías en más este beneficio!

Cata aquí, pues, cómo todo este mundo sirve a tu conservación y cómo todas las criaturas de él son como los pechos del ama a quien Dios encomendó tu crianza. Mira, pues, no seas tan niño que desconozcas a la madre que te parió por el ama que te cría, porque esa ama no te criara sino porque esta madre se lo mandó. Los perdigoncillos reconocen en la voz a la verdadera madre que puso los huevos, y en oyéndola dejan a la falsa que los sacó y los criaba y se van tras la verdadera. Pues ¿cómo tú no dejas al mundo, aunque él te haya sustentado y regalado, por seguir a tu verdadero Hacedor y Criador?

De lo susodicho parece claro cómo tantos son los beneficios hechos al hombre cuantas son las criaturas del mundo, pues todas ellas fueron criadas para su servicio.

Mas si tú quieres hacer otra cuenta no menos provechosa que verdadera, hallarás por cierto que tantos son los beneficios hechos al hombre solo cuantos son los hechos a todas las criaturas del mundo; porque todos los beneficios que se hacen a ellas, más de verdad se hacen al hombre que a ellas. Ésta es una de las más dulces y verdaderas consideraciones que se pueden tomar de las criaturas.

Dime: la hermosura y virtud del sol, y de la luna, y de las estrellas, y de las flores, y de los árboles, y de las piedras preciosas, ¿a quién aprovechan más o deleitan más, a sí o al hombre? Del olor y de la hermosura y virtud de la rosa, ¿quién se aprovecha más o se deleita más, el hombre o ella? De manera que, aunque ella tiene la gracia, otro es el que la goza, y así él es el que recibió este beneficio y no ella.

Si no, dime: cuando un padre manda hacer una vestidura preciosa para su hija, aquel beneficio, ¿a quién se hace, a la vestidura o a la hija? Por do parece que una cosa es la que recibe la hermosura y otra a quien se hace la gracia, pues la hermosura es de la vestidura y el beneficio es de la hija, y así ella es obligada al agradecimiento de ella.

Si esto sabes considerar, todas las hermosuras y perfecciones de las criaturas tendrás por beneficios tuyos pues todas no menos se hicieron para tu regalo y provecho que el padre la vestidura rica para la hija. De donde vendrás a entender que el beneficio ajeno es más tuyo que del mismo que lo posee, y, por consiguiente, tú eres más obligado a agradecerlo.

La misma cuenta has de hacer de las habilidades que este Señor dio a todas las criaturas para tu provisión y defensión, porque, si todas ellas son para tu servicio, está claro que todos los beneficios que se hacen a ellas se hacen a ti. Si un padre toma a su cargo la casa y familia de su hijo para sustentarla y proveerla de todo lo necesario, claro está que este beneficio más se hace al hijo que no a su familia; o, por mejor decir, no se hace a la familia, sino al hijo. Porque, como dijo San Agustín, lo que no se ama por amor de sí, sino por otro, no se ama.

20. *Todas te invitan al agradecimiento.*

Mira, pues, cuánto más debes al Señor de lo que pensabas, pues por aquí se ve que todos los beneficios hechos a todas las criaturas, a ti los hace, porque esto es como sustentar la familia que te ha de servir, mantener el ganado que te ha de mantener y proveer de vestido, y de calzado, y de armas, y medicinas a los criados que te han de servir. Y pues todo esto se hace por ti y para ti, todos éstos son beneficios tuyos, aunque vengan colados por otras manos.

Por lo cual entre los beneficios divinos alaba a Dios el Profeta, diciendo que produce en los montes heno y yerba para servicio de los hombres (Salm. 146, 8), porque este pasto, aunque no sea del hombre, es de las bestias que sirven al hombre. Pues de esta manera entenderás cómo todo lo que sirve a los peces de la mar, y a los animales de la tierra, y a las aves del aire, a ti sirve, pues tú eres el que te has de servir de todo.

De aquí nace también aquella tan dulce consideración que apuntó el Apóstol cuando dijo que todo lo que todas las criaturas producen y trabajan, para ti lo trabajan. Para ti enreda y trama el gusano hilador de la seda. Para ti lleva hojas y fruto el árbol hermoso. Para ti fructifica la viña, y la huerta, y el olivar, con todas las otras arboledas y frescuras del campo. Para ti corre siempre sin cesar el agua de la fuente clara. Para ti calienta sus huevos la perdiz y la gallina. Para tu recreación hace y deshace su rueda el pavón hermoso. Para ti le dieron habilidad al pollico recién nacido, que, aun no estando acabado de formar en el huevo, sepa ya vivir por sí y mantenerse por su pico.

criaturas, si bien lo miras, beneficios tuyos son. El vellón de lana que cría la oveja, beneficio tuyo es. La leche y los cueros y la carne que cría la vaca, beneficio tuyo es. Las uñas y armas que tiene el azor para cazar, beneficio tuyo es, La música del ruiseñor y de las otras aves que cantan a la primavera, beneficio tuyo es.

¡Oh, cuán grande campo tienes aquí para tender los ojos y espaciarte por todas las criaturas, pues todo cuanto hay en ellas es como un sobrescrito que dice a ti. Contigo lo ha Dios, a ti habla, a ti lo dice, a ti quiere enseñar, y despertar, y predicar, y atraer así por todos estos medios!

Pues ¿cómo entre tantos resplandores y muestras de su bondad no le conoces? ¿Cómo entre tantos beneficios no le amas? ¿Cómo entre tantas voces con que te llama no le oyes? ¿Cómo nunca preguntas en tu corazón alguna vez: ¿Quién es éste, que de tantas mercedes me tiene cercado? ¿Quién es éste, que por tantas vías se me descubre? ¿Quién es éste, que por tantos caminos me quiere atraer a su amor? ¿Quién es éste, que con tantos argumentos y testigos se me quiere dar a conocer? ¿Quién es éste, que en tanto me estima, que todas las cosas crió para mi servicio? ¿Quién es éste, que por su sola bondad, sin habérselo yo servido, ha querido hacerse como pastor de mi ganado, y mayordomo de mi hacienda, y defensor de mi familia, médico de mis criados y procurador de todos mis negocios?

Pues, ¿cómo entre tantos beneficios no es amado? ¿Cómo entre tantas muestras de quién es, nos desaparece? ¿Cómo ofreciéndosenos en todas las criaturas no lo hallamos? ¿Cómo obrando tantas maravillas no le conocemos?

Mayor maravilla es ésta que todas las otras maravillas, porque éste es el efecto de la corrupción del pecado: hacernos tan ciegos, que entre tantos resplandores no vemos, y tan insensibles y desconocidos, que entre tantas llamas de beneficios no nos quememos. Maravilla fue de Dios que, estando los tres mozos en medio del horno de Babilonia, no se quemasen (Dan, 3, 50); y maravilla es también, no de Dios, sino del demonio, que estando nosotros en medio de tantas llamas de beneficios divinos cuantas criaturas hay en este mundo, no se abrasen nuestros corazones en amor de quien tanto bien nos hace.

Mas por ventura dirás: esos comunes beneficios más parecen obras de naturaleza que beneficios de Dios, ¿Qué debo yo, pues, particularmente por la orden y disposición de las cosas, que se van siempre por su curso?

No es esta voz de cristiano, sino de gentil: ni aun de gentil, sino de bestia. Y porque más claramente lo veas, mira cómo las reprende el filósofo Epicteto, diciendo así: Dirás por ventura que la Naturaleza te hace estos beneficios. ¡Oh desconocido!, ¿no entiendes cuando esto dices que mudas el nombre a Dios? ¿Qué otra cosa es la Naturaleza sino Dios, que es principal Naturaleza? Así que, hombre desagradecido, no te excusas con decir que esta deuda la debes a la Naturaleza y no a Dios; pues no hay Naturaleza sin Dios. Si hubieses recibido algo prestado de Lucio Séneca y dijeses que quedabas obligado a Lucio y no a Séneca, no por esto se mudaba el acreedor, sino sólo el nombre de él.

21. *Nuestra misma imperfección nos lleva a buscar a Dios.*

Mas no sólo esta obligación de justicia, sino también nuestra misma necesidad y pobreza, nos obliga a tener esta cuenta con nuestro Criador, si queremos después de criados alcanzar que, generalmente hablando, todas las cosas que nacen, no nacen luego con toda su perfección. Algo tienen y algo les falta que después se haya de acabar; y el cumplimiento de lo que falta ha de dar el que comenzó la obra: de manera que a la misma causa pertenece dar el cumplimiento del ser que dio principio de él.

Y por esto todos los efectos generalmente se vuelven a sus causas, para recibir de ellas su última perfeccción. Las plantas trabajan por buscar el sol y arraigarse todo cuanto pueden en la tierra que las produjo: los peces no quieren salir fuera del agua que los engendró. El pollico que nace, luego se pone debajo de las alas de la gallina y la sigue por doquiera que vaya; y lo mismo hace el corderico, que luego se junta con los ijares de su madre, y entre mil madres que sean de una misma color la reconoce y siempre anda cosido con ella, como quien dice: aquí me dieron lo que tengo, aquí me darán lo que me falta. Esto acaece universalmente en las cosas naturales, y lo mismo acaecería en las artificiales si tuviesen algún sentido o movimiento.

Si un pintor, acabando de pintar una imagen, dejase por acabar los ojos y aquella imagen sintiese lo que le falta, ¿qué haría?, ¿adónde iría? No iría, cierto, a casas de reyes ni príncipes, porque éstos, en cuanto tales, no pueden satisfacer su deseo, sino se iría a la casa de su maestro y le suplicaría la acabase de perfeccionar.

Pues ¡oh criatura racional!, ¿qué otra causa es la tuya sino ésta? No estás aún acabada de hacer. Mucho es lo que te falta para llegar al cumplimiento de tu perfección. Apenas está acabado el dibujo. Todo el lustre y hermosura de la obra queda por dar. Lo cual claramente muestra el apetito continuo de la misma naturaleza, que, como quien se siente necesitada, no reposa, sino siempre está piando y suspirando por más.

Quiso Dios tomarte por hambre y que las mismas necesidades te metiesen por sus puertas y te llevasen a Él. Por eso no te quiso acabar desde el principio; por eso no te enriqueció desde luego; no por escaso, sino por amoroso; no porque fueses pobre, sino porque fueses humilde; no porque fueses necesitado, sino por tenerte siempre consigo.

Pues si eres pobre, y ciego, y menesteroso, ¿por qué no te vas al Padre que te crió y al pintor que te comenzó, para que Él acabe lo que te falta? Mira cómo lo hacía así el profeta David (Salm. 118, 73): Tus manos, dice él, me hicieron y me criaron: dame entendimiento para que aprenda tus mandamientos. Como si más claramente dijera: Tus manos, Señor, hicieron todo lo que hay en mí; mas no está aún acabada esta obra: los ojos de mi alma, entre otras partes, quedan por acabar: no tengo lumbre para saber lo que me conviene: ¿pues a quién pediré lo que me falta, sino a quien me ha dado lo que tengo? Pues dame, Señor, esta lumbre; clarifica los ojos de este ciego desde su nacimiento, para que con ellos te conozca, y así se acabe lo que comenzaste en mí.

Pues así como a este Señor pertenece dar su última perfección al entendimiento, así también le pertenece darla a la voluntad, y a todas las otras potencias del alma, para que así quede acabada la obra por el mismo que la comenzó. Este, pues, sólo harta sin defecto, engrandece sin estruendo, enriquece sin aparato y da descanso cumplido sin la posesión de muchas cosas. Con Él está la criatura pobre y contenta, rica y desnuda, sola y bienaventurada, desposeída de todas las cosas y señora de todas ellas.

Por lo cual, con mucha razón dijo el Sabio (Prov. 13, 7): Hay un hombre que vive como rico no teniendo nada; y hay otro que vive como pobre teniendo muchas riquezas. Porque muy rico es el pobre que tiene a Dios, como lo era San Francisco; y muy pobre a quien falta Dios, aunque sea señor del mundo. Porque ¿qué le aprovechan al rico y poderoso todas sus riquezas, si con todo esto vive con mil maneras de cuidados y apetitos, que no puede cumplir con cuanto tiene? Y ¿qué parte es la vestidura preciosa, y la mesa delicada, y el arca llena, para quitar la congoja que está en el alma? En la cama blanda da el rico muchos vuelcos en la noche larga, los cuales no puede excusar su rica bolsa.

Resulta, pues, de todo lo dicho cuán obligados estamos todos al servicio de nuestro Señor, no sólo por la deuda de este beneficio, sino también por lo que toca al cumplimiento de nuestra felicidad y remedio.

HIMNO DE GLORIA A DIOS POR LA CONSERVACIÓN DE LOS SERES POR ÉL CREADOS

ADICIONES AL "MEMORIAL DE LA VIDA CRISTIANA"
CONSID. 5.ª, OBRAS, IV, pp. 21-227
INTRODUCCIÓN AL SÍMBOLO DE LA FE
P.I., CAP. 38, OBRAS, V, pp. 325-332

Mas quiero dar fin a esta materia proponiendo otra singular maravilla de nuestro Criador, que es la asistencia general a todas las cosas criadas.

Para lo cual se ha de presuponer que hay dos maneras de causas eficientes: unas sirven para sólo hacer la obra, y no pasan adelante después de hecha, como el maestro que hace la casa o el pintor que pinta la figura, y otras que no sólo hacen las cosas, mas también después de hechas las conservan en el ser que les dieron, como lo hace el sol, el cual produce de sí los rayos de la luz y él mismo los está conservando en aquella claridad que les dio, de tal manera que, si él faltase o cesase de producirlos, en ese punto dejarían de ser.

Pues de esta segunda manera confiesa la fe católica que aquel soberano Señor es causa de todas las cosas criadas, porque Él por sola su bondad y voluntad les dio el ser que tienen y Él mismo las está conservando en ese mismo ser que les dio. Y esto con tan grande dependencia, que, si un punto cesase de este oficio, todas ellas se volverían en aquella nada de que fueron hechas. De modo que así como parando las pesas de un reloj, todas las ruedas de él pararían y cesaría todo aquel movimiento y concierto de dar sus horas, así pararía toda esta máquina del mundo y se anihilaría, si aquel soberano Señor, que sostiene todas las cosas con la palabra de su virtud, cesase de conservarlas.

1. *De cómo está Dios en lo más íntimo de todos los seres.*

Para lo cual es necesario que Él esté dentro de todas ellas, conservándolas en su ser, no sólo por su presencia y potencia sino por su misma esencia. Para cuyo entendimiento se ha de notar que todas las otras causas producen sus efectos mediante la virtud que tienen, como el fuego calienta mediante el calor que de él procede y las estrellas y planetas mediante sus influencias, mas en Dios no hay esta distinción de esencia y de virtud, porque en aquella altísima y simplicísima naturaleza no puede caber algún accidente, porque todo lo que hay en Dios es Dios, sin mezcla ni composición de otra cosa. Y por esto, dondequiera que hay algo de Dios, está todo Él, pues tampoco esta suma simplicidad sufre división, para que pueda estar parte de Él en un lugar y parte en otro.

Y porque la causa y el efecto han de estar juntos y tocarse uno a otro, y el ser es el más univeral y más íntimo efecto de todas las cosas, pues ninguna hay que carezca de él, síguese que Dios está en lo más íntimo de todas ellas, tocando el ser que tienen y conservándolo. Por lo cual, el mismo Señor dice que Él hinche los cielos y la tiera.

Esta es una maravilla y excelencia de aquella altísima Substancia que, con ser simplicísima, está toda en todo el mundo y toda en cualquier parte de él, pues ninguna cosa creada hay que tenga ser por sí misma, sino sólo Él, que de nadie depende.

Mas pasa aún el negocio adelante. Porque no sólo es causa conservadora del ser de las criaturas, sino también de todos los pasos y movimientos naturales que hay en ellas. De modo que ninguno puede mover el pie, ni la mano, ni abrir la boca, ni cerrar los ojos, sino por virtud de Él. Y así Él es más causa de todos estos movimientos que el mismo hombre que los hace.

Avicena dijo que Dios no hacía más que asistir al orden y movimiento de los cielos, y que por este medio gobernaba las cosas de este mundo inferior. Mas la filosofía cristiana pasa adelante, confesando que la primera causa, que es Dios, concurre con todas las otras causas inferiores, así universales como particulares, las cuales todas son instrumentos de la primera causa; y así todos sus efectos se atribuyen más a la causa principal que lo hace que a los instrumentos con que los hace, pues más propiamente se dice que el pintor pinta la imagen que el pincel con que la pinta.

Pues, según esto, ¿cuál podremos pensar que es aquel Señor que no sólo hinche cielos y tierra, como ya dijimos, sino que también concurre como causa principal con todos los pasos y movimientos naturales de todas las criaturas del cielo y de la tierra, y ni esto es parte para disminuir un punto de su felicidad y bienaventuranza con el cuidado y providencia de acudir a tanta infinidad de cosas? Pues quien estas maravillas considera, ¿cómo no verá con cuánta razón dijo aquel ángel: por qué preguntas por mi nombre, que es «admirable»?

2. *De cuántas maneras dependemos de Dios.*

De tres maneras pueden unas cosas depender y estar como necesitadas y colgadas de otras. Porque unas dependen de otras cuanto al principio del ser, mas, después de recibido el ser, no tienen ya más necesidad de sus autores para conservarse en él, como la pintura o la cosa después que salió de las manos del maestro. Otras hay que dependen de sus causas, como la vida del cuerpo de la presencia y virtud de su alma y de su cabeza, por la cual vive y se conserva. Otras hay que dependen de sus causas cuanto a la perfección y cumplimiento de su ser, como el discípulo del maestro que le enseña, o la mujer del marido, de quien recibe lo necesario para el uso de la vida.

Estas tres cualidades y dependencias, así como ponen grande vínculo y hermandad entre las cosas, así son causa de grande amor. Por do viene a ser que todos los efectos tienen natural amor y respeto a las causas de donde proceden y de quien esperan alcanzar su perfección. Por la primera dependencia es grande el amor que los hijos tienen a los padres, y los padres a sus hijos. De lo cual son testigos aun hasta los mismos animales, que se quitan el mantenimiento de la boca para sustentar a su hijos y se meten a veces por las lanzas y venablos por defenderlos. Por la segunda es muy natural el amor que los miembros tienen a su cabeza, por cuya salud se ponen a recibir el golpe de la espada, por la conservación de ella; lo cual no hacen hijos por padres, ni padres por hijos. Por la tercera razón es también grandísimo el amor que tiene la esposa a su esposo, porque de él espera en muchas cosas la perfección de su ser.

Pues, como sea verdad que todas estas causalidades y dependencias juntas se hallen en sólo Dios, y todas en sumo grado de perfección, ¿con qué amor será razón que sea amado Aquel de quien así estamos colgados de todas partes? Si Él es el que nos dio el ser, ha de ser amado como el padre de sus hijos, y si nos conserva en el ser, ha de ser amado como la cabeza de sus miembros. Y si Él es el que nos ha de dar la perfección y cumplimiento de este ser, ha de ser amado como la buena mujer ama a su marido.

Y pues todas estas cosas esperamos de sólo Él, síguese que estamos obligados a amarle con todos estos amores, y mucho más, pues más perfectamente nos comunica Él estos beneficios que todas las causas susodichas a sus efectos. Reconoce, pues, ¡oh alma mía!, todas estas obligaciones, y pues sabes cierto que lo que fuiste y lo que eres y lo que esperas, todo es de este Señor, y que por tantas partes estás aliada y adeudada con Él, ama a quien tanto bien te ha hecho y te hace y en adelante te ha de hacer.

3. *Vos sois, Señor, mi hacedor.*

Ámeos yo, pues, Señor, pues soy vuestra hechura, y Vos mi hacedor, de quien tengo el ser que tengo. Vuélvanse las aguas al lugar de do salieron, conviértase el efecto a la causa de donde procedió, tórnese la criatura al Criador que la hizo. Tiranía es que uno edifique y otro more en lo edificado, que uno plante y otro esquilme lo que otro plantó.

No permitáis Vos, Dios mío, que haga yo esta traición, ni que entregue las llaves de vuestra hacienda a otro fuera de Vos. Vuestro soy, vuestro seré, vuestro deseo ser para siempre; por vuestro me recibid en vuestra casa y no desechéis Vos lo que hicisteis para Vos.

4. *Yo soy vuestra heredad.*

Ámeos yo también, Señor Dios mío, pues Vos me conserváis y sustentáis en este ser que me disteis. Así como las ramas del árbol nacen de la raíz y ella misma es la que las conserva en el ser que tienen, así Vos, Señor mío, sois la raíz y el principio que me disteis ser, y Vos mismo sois el que me conserváis y sostenéis en él. Pues ¿con quién tengo yo de tener cuentas sino con Vos?

Aquellas ramas a ninguna cosa criada tienen mayor respeto ni amor natural que a la raíz de do procedieron y en que se conservan en su ser y hermosura, y de todo el mundo, que viva o muera, no se les da nada, con tanto que esté viva y fresca su raíz, de quien les viene todo su bien.

Pues ¿en quién tengo yo, Señor, de poner los ojos, a quién tengo de amar sino a Vos, cuyas manos me criaron, cuya providencia me sostiene, cuyas criaturas me sirven? ¿Por quién soy, por quién vivo, por quién tengo todo lo que tengo, sino por Vos? Y pues Vos sois el origen y raíz de todo mi bien, y yo una sola rama entre otras muchas que en Vos se sustentan, ¿qué tengo yo que ver con el cielo ni con la tierra, sino con Vos sólo, que sois la fuente de todo mi bien y el arca de todos mis tesoros?

La viña y la heredad sirven no solamente al que la plantó, sino también al que la cava y la riega, y así la conserva en aquel ser que tiene. Y pues Vos me plantasteis por vuestra mano cuando me criasteis y Vos me conserváis en este ser con la labor y riego de vuestra providencia, ¿por qué ha de esquilmar otro la fruta de esta heredad sino Vos?

Yo soy vuestra heredad, y Vos sois mi heredero y mi Señor; A Vos sirvan todas las plantas de esta heredad, que son las potencias de mi alma; a Vos las flores, que son todos sus buenos deseos; a Vos los frutos, que son todas mis palabras y obras, con lo demás. Mis ojos os bendigan, mi lengua os alabe, mis manos os sirvan, mis pies anden por el camino de vuestros mandamientos, mis entrañas se derritan en vuestro amor, mi memoria nunca os olvide, mi entendimiento siempre os contemple, mi voluntad en Vos sólo se deleite y se gloríe.

Este es el esquilmo y fruto de esta heredad. Cercadla, Dios mío, con un muro de fuego, cerrad todos los portillos de ella, para que nadie os la pueda entrar. Conjúroos y requiéroos, todas las criaturas del mundo, con la virtud y obediencia de este común Señor, que no toquéis en cosa de esta heredad. Todo, Señor, sea vuestro, todo se emplee en vuestro servicio. Mueran todas las criaturas a este amor, y yo muera a todas ellas.

5. *De Vos espero mi perfección y mi reposo.*

Ámeos yo también, Señor, pues Vos sólo sois el que habéis de acabar esta obra que comenzasteis y el que habéis de dar a mi alma su cumplida perfección.

A todas las otras criaturas menores, de una vez disteis todo lo que debían recibir; mas al hombre, como era de tan grande capacidad, dísteis mucho cuando lo criásteis y prometísteisle mucho más para adelante, para que con esta necesidad anduviese como colgado de Vos, y así se moviese a amaros, no sólo por lo que tenía recibido, sino mucho más por lo que esperaba recibir.

6. *Como la hiedra se abraza al árbol.*

Ámeos, pues, yo, Señor, con estrechísimo y ferventísimo amor. Tienda yo los brazos de todos mis afectos y deseos para abrazaros. Esposo dulcísimo de mi alma, de quien espero todo el bien.

La yedra se abraza con el árbol por tantas partes, que toda ella parece hacerse brazos para fijarse más en él, porque mediante este arrimo sube a lo alto y consigue lo que es propio de su perfección. Pues ¿a qué otro árbol me tengo yo de arrimar para crecer y alcanzar lo que me falta, sino a Vos?

No crece tanto esta planta ni extiende tanto la hermosura de sus ramas, abrazada con su árbol, cuanto crece el alma en virtudes y gracias, abrazada con Vos. Pues ¿por qué no me haré yo todo brazos para abrazaros por todas partes? ¿Por qué no os amaré yo con toda mi alma y con todas mis fuerzas y sentidos?

Ayudadme Vos, Dios mío y Salvador mío, y subidme a lo alto en pos de Vos, pues la carga de esta mortalidad pesada me lleva tras sí. Vos, Señor, que subisteis en el árbol de la cruz para atraer todas las cosas a Vos; Vos que in inmensa caridad juntasteis dos naturalezas tan distintas en una persona, para haceros una cosa con nosotros, tener por bien de unir nuestros corazones con Vos con tan fuerte vínculo de amor, que vengan a hacerse una cosa con Vos, pues para esto os juntasteis con nosotros, para juntarnos con Vos.

7. *De cuán negra sea la ingratitud del hombre.*

Siendo tan soberanas y tan incomprensibles las grandezas de nuestro Señor Dios, como habemos visto, y siendo tantos y tales sus beneficios, y tanta la dependencia que nuestro ser y vida tiene de Él, síguese que ninguna cosa se puede imaginar más obligatoria, más justa, más debida, más necesaria, más importante, más honesta y más excelente que servir, honrar, amar, y reverenciar, alabar y adorar a este Señor.

Y esta obligación es tan grande, que todas las que tenemos a los padres, amigos y bienhechores, o a los reyes y príncipes de la tierra, o a cualquier otra excelente persona, ayuntadas en uno, no se llaman obligaciones, comparadas con ésta, así como todas las excelencias y perfecciones de ellas, comparadas con las divinas, no se llaman perfecciones. Esto se sigue de lo dicho.

Y síguese también que, así como aquel soberano Padre está siempre conservándonos y sutentándonos sin cesar un punto de este oficio, así era justo que estuviese siempre la criatura ocupada en sus alabanzas y servicios. Y así como cumplir con esta obligación es la cosa más debida y más justa de cuantas hay en el mundo, así no cumplir con ella es la mas injusta y la peor del mundo...

8. *A Ti, Señor, levanto mis ojos.*

Esta consideración humilla grandemente y sujeta el hombre a Dios, viendo cuán colgado está de Él todo su bien y todo su ser, así pasado como presente y venidero, y con esto sujetaba el santo rey David su ánimo a Dios, diciendo (Salm. 30, 16): En tus manos, Señor, están mis suertes.

Por lo cual otro intérprete dijo: En tus manos, Señor, están mis tiempos: conviene saber, los tres tiempos, pasado, presente y venidero. Por que en el pasado recibí de Vos el ser que tengo, y en el presente Vos me estáis dando vida y conservando en este ser, así como el sol a los rayos de luz que de él proceden; y en el venidero, porque de vuestra mano me ha de venir la perfección y cumplimiento de este ser, hasta llegar a su último fin, donde mi alma tenga perfecto reposo y descanso y cumplimiento de todos los bienes, estando unida con Vos y transformada en Vos, participando de aquella bienaventuranza para que Vos la criasteis.

Y así como Vos, mirándome desde lo alto con piadosos y paternales ojos, influís en mi alma los rayos de vuestra misericordia, así, por el contrario, mi alma, levantando con verdadera humildad y reverencia sus ojos a Vos, recibe las influencias de vuestra luz; así como las estrellas del cielo mirando al sol reciben de él la claridad, y con ella la virtud que tienen.

Pues si estos ojos son las canales por donde vuestra virtud corre y se deriva en las almas, ¿qué otro oficio había de ser el mío sino estar siempre suspenso, levantando los ojos a lo alto para participar esa virtud, diciendo con el Profeta (Salm. 24, 15): Mis ojos tengo siempre puestos en el Señor, porque Él librará mis pies de los lazos, y mirando yo a Él, inclinaré sus ojos a que Él también mire por mí. Y con el mismo espíritu decía (Salm. 122, 1): A ti, Señor, levanté mis ojos, que moras en los cielos, así como los siervos están mirando a la cara de sus señores, de quien esperan el remedio de su vida.

ÍNDICE